상상하면 현실이 된다!

누워서 ⓩ ZEP

METAVERSE

Create a metaverse that anyone can easily follow

#꼭 필요한 #메타버스 #파이프라인 #ZEP

강의 및 수업내용 영상 자료 수록(QR코드)

만들기

메타버스 실전 입문 교과서

마지원

상상하면 현실이 된다!
누워서 메타버스 만들기

초판인쇄 2023년 03월 20일
초판발행 2023년 03월 27일
지은이 민성은
발행인 노소영
발행처 도서출판 마지원
등록번호 제559-2016-000004
전화 031)855-7995
팩스 02)2602-7995
주소 서울 강서구 마곡중앙로 171

http://blog.naver.com/wolsongbook

ISBN | 979-11-92534-14-5 (13000)

정가 15,000원

* 잘못된 책은 구입한 서점에서 교환해 드립니다.
* 이 책에 실린 모든 내용 및 편집구성의 저작권은 도서출판 마지원에 있습니다.
   저자와 출판사의 허락 없이 복제하거나 다른 매체에 옮겨 실을 수 없습니다.

상상하면 현실이 된다!

누워서
METAVERSE 만들기

마지원

들어가는 말

열쇠를 잃어버린 적 있나요? 누구나 한 번쯤 '열쇠'에 대한 에피소드가 많이 있을 것입니다. 저는 얼마 전 중요한 자료를 차에 두고 내려 급하게 찾아야 했습니다. 그런데 차 키가 보이지 않았습니다. 아무리 찾아도 보이지 않았습니다. 약속시간은 다 돼가는데 차 문이 열리지 않아 발을 동동 굴렀습니다. 한참을 고민하다가 갑자기 좋은 생각이 났습니다. 주머니에 있던 휴대폰을 꺼내 자동차와 연결되어있는 앱을 실행시켰습니다. 그리고 앱 속에 있는 '문 열기' 버튼을 눌렀습니다. 1분이 되지 않아 "명령을 성공했습니다"라는 말과 함께 차 문이 열렸습니다. 저는 신나게 차 문을 열고 중요한 자료를 꺼내 무사히 업무를 마칠 수 있었습니다. 한참 차 키 소동이 있고 난 후 옷을 정돈하는데 뭔가 묵직한 것을 발견했습니다. 그것은 바로 좀 전에 그렇게 찾던 차키였습니다. 차 키는 겉옷 안주머니에 있었습니다. 이렇듯 누구나 저와 같은 어처구니없는 소동을 한 번씩은 하실 거라 생각합니다.

혹시 메타버스 이야기가 아닌 엉뚱한 '열쇠' 이야기를 해서 당황하셨나요? 메타버스 이야기는 이 엉뚱한 이야기에서 크게 벗어나지 않습니다. 저는 지금부터 여러분에게 곧 찾아올 세계에 대한 '열쇠'를 건네드리고자 합니다. 여러분들 중에 이야기를 듣다가 이상한 것을 눈치채신 분이 계신가요? 그것은 바로 우리가 살고 있는 이 세계는 '열쇠'에 대한 개념이 아주 빠르게 변해왔다는 사실입니다. 저는 자동차의 문을 열기 위해 실제로 손에 쥘 수 있는 네모난 모양의 스마트키를 찾았습니다. 하지만 7년 전만 해도 저는 스마트키가 아닌 돌려서 문을 여는 뾰족한 자동차 키를 찾았을 것입니다. 스마트키가 보이지 않자 저는 휴대폰의 앱을 실행시켰고, 자동차와 무선 원격으로 연동되어 있는 앱을 통해 저의 눈앞에 있는 자동차의 문을 열었습니다. 제 앞에 있는 자동차의 문을 열어야 한다는 '목적'은 달라지지 않았지만 열기 위한 '매개체'는 시대와 환경 그리고 편의에 따라서 아주 빠르게 변했습니다. 만약 제가 약속시간이 늦었는데도 차 키를 찾지 못하고 앱을 실행시킬 수 없었다면 그 업무는 완전히 엉망이 되었을 것입니다.

우리가 작동하고 움직여야 하며 꼭 필요한 세상은 자동차와 같습니다. 그러나 이를 움직이게 하기 위한 매개체는 계속해서 바뀌고 있습니다. 차 키가 시대와 편의에 따라 변했듯이 우리가 선택해야 하고 손에 쥐어야 하는 열쇠는 계속 바뀔 것입니다. 손에 쥐고 있는 열쇠에 애정이 있어 버리기 싫으신가요? 만약 그 차 키가 뾰족한 차 키라면 그에 맞는 자동차를 탈 수는 있지만 뾰족한 차 키가 맞지 않는 자동차라면 절대로 시동이 걸리거나 문이 열리지 않을 것입니다. 세상은 더욱 편리한 방향으로 흘러갈 것이고 그에 맞는 열쇠가 필요하여 여러분은 더 이상 뾰족한 열쇠를 찾지 않게 될 것입니다.

빠르게 변해가는 세상은 빠르게 신모델로 생산되는 자동차와 같습니다. 그리고 우리 앞에 다가온 신형의 자동차는 메타버스라는 열쇠가 있어야 작동되는 세상입니다. 당장에는 없어도 살아갈 수는 있지만 앱으로 문을 열 듯이 있으면 편리하고 유익하며 나중에는 없어서는 안 되는 열쇠로 자리 잡아갈 것입니다. 이 책을 통해 여러분만의 열쇠를 꼭 받아 가시길 바랍니다. 이 책은 이론 중심보다는 실제적이고 응용 가능한 이야기로 가득합니다.

저자 씀

- 상상하면 현실이 된다! -

• 누워서 메타버스 만들기 •

#꼭 필요한 #메타버스 #파이프라인 #ZEP

제 **1** 장

누워서 메타버스 만들기

누워서 메타버스 이해하기

● 제1장에서는 무엇을 배울 수 있나요?

- 메타버스의 어원을 이해하고 알 수 있습니다.
- 메타버스의 대표적인 속성과 사례를 알 수 있습니다.
- 메타버스의 개념을 정리해볼 수 있습니다.

제1장 강의 및 수업내용 영상

● 큐알(QR)코드 찍는법 – 1, 2, 3 방법 중에 1개 선택

이해를 돕기 위해 영상자료가 들어있는 큐알(QR)코드를 넣었습니다. 큐알(QR)코드를 찍으며 책을 읽고 실습하시면 보다 빠르게 메타버스를 익힐 수 있습니다.

방법1) 네이버 어플을 설치 후, 네이버에서 제공하는 스마트렌즈 이용하기

방법2) 스마트폰 카메라를 이용하여 큐알코드 인식하기

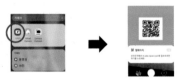

방법3) 큐알 바코드 스캐너 어플 설치 후 인식하기

제1장 누워서 메타버스 이해하기

메타버스를 아주 큰 '코끼리'라고 가정한다면, 우리는 코끼리 전체를 다 이해하기 보다는 눈앞에 있는 한 부분만 이해할 가능성이 큽니다. 이 장에서는 큰 코끼리와 같은 메타버스의 전체적인 윤곽과 개념을 알아보겠습니다.

1 메타버스란?

1) 어원

메타버스
Metaverse

Meta
가상,초월

Universe
우주,세계

메타버스는 영어로 **Metaverse**인데, **Meta**(그리스어 $\mu\varepsilon\tau\acute{\alpha}$ 유래)와 **Universe**의 합성어입니다. **Meta**는 <u>**가상, 초월**</u>의 의미를 가지고 있고 **Universe**는 <u>**우주, 세계**</u>의 의미를 가지고 있습니다. 어원이 가지고 있는 넓이와 깊이처럼 메타버스(Metaverse)의 단어 역시 품고 있는 범위가 상당히 광범위합니다.

2) 다양한 해석

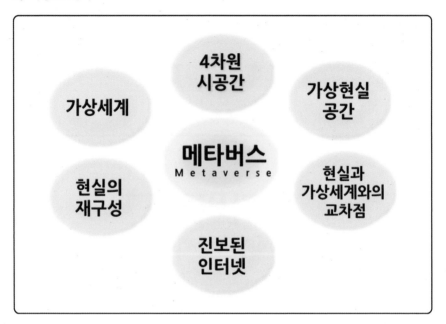

앞서 어원에서 살펴보았듯이 단어가 가지고 있는 범위가 상당히 광범위하기 때문에 메타버스를 대하는 사람들마다 강조점이 다릅니다. 어떤 사람은 **4차원 시공간**을, 어떤 사람은 **가상현실 공간**을, 어떤 사람은 **현실과 가상세계와의 교차점**을, 어떤 사람은 **진보된 인터넷**을, 어떤 사람은 **현실의 재구성**을, 어떤 사람은 **가상세계**가 메타버스를 이야기 한다고 설명합니다. 여러분은 어떠한 해석이 메타버스를 가장 잘 설명한다고 생각하나요? 메타버스는 특정 부분을 강조하는 것을 넘어, 위의 다양한 해석 모두를 포괄하고도 남는 아주 큰 개념입니다.

3) 메타버스 KEY POINT!

메타버스는 아주 큰 개념이지만 복잡하여 이해할 수 없다면 아무 소용이 없을 것입니다. 몇 가지 핵심 Key를 살펴보며 우리만의 메타버스 개념을 정리해보겠습니다.

(1) 첫 번째 Key = 연결

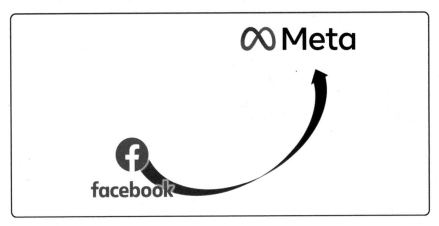

메타버스를 보다 잘 이해하기 위해서는 이 분야를 집중적으로 다루는 기업의 '가치관'을 보고 배울 수 있어야 합니다. 우리가 자주 사용하고 알고 있던 Facebook은 2021년 10월 28일 Meta라는 이름으로 회사명을 변경했습니다. 메타버스의 세계속에서 자신들의 기술과 입지를 더욱 굳히기 위해서 이름을 변경하고 그에 따른 투자를 이행한 것으로 보입니다. 그렇다면 Meta(전 Facebook)는 메타버스를 어떻게 이해하고 있을까요?

" 언제나 사람들을
더욱 가깝게 이어줍니다 "

Meta의 홈페이지를 들어가면 가장 먼저 눈에 띄는 문구입니다. "언제나 사람들을 더욱 가깝게 이어줍니다" Meta는 자신들이 추구하는 방향성을 가장 함축하여 모든 사람들에게 전달하도록 메인화면에 보이게 하였습니다. 다시 말해 Meta는 메타버스를 이와 같은 가치관을 가지고 대한다는 사실입니다. 이를 통해 알 수 있는 **첫 번째 Key는 연결**입니다.

(2) 두 번째 Key = 공동체

Universe

🔑 공동체

우주, 세계

메타버스(Metaverse)의 어원인 Universe를 좀 더 생각해 봅시다. 우리는 '지구'라는 행성에 살고 있습니다. 지구 안에 우리들만의 세계관을 가지고 살아갑니다. 하지만 지구 혼자서 독립적으로 살아갈 수 없습니다. 태양과 달의 영향을 받고 또한 서로 일정한 거리를 유지하며 자전과 공전을 합니다. 달은 달만의 특징이 있고, 태양은 태양의 특징이 있으며 각 행성은 각 행정마다의 특징이 다 있습니다. 우리는 이러한 행성들의 집합체를 '우주'라고 합니다. 또한 더 넓은 범위를 '은하계'라고 합니다. 우리가 잘 알고자하는 메타버스역시 각각의 세계관을 가지고 있으며 이것은 독립적인 것이 아니라 우주와 같이 연결되고 서로 영향을 받습니다. 이를 통해 알 수 있는 **두 번째 Key는 공동체**입니다.

(3) 세 번째 Key = 확장

마지막으로 메타버스의 어원인 Meta를 좀 더 생각해봅시다. 우리는 언제나 수많은 문을 통과하며 살아갑니다. 어머니의 뱃속에서 자궁문을 열고 나가 세상으로 나아가며, 좀 더 성장하여 문을 열고 나가 친구들을 만나고 성인이 되어 취업의 문, 목표 실현의 문을 열고 나갑니다. 그렇게 우리의 생애는 문을 열고 넘어가는 삶을 살아갑니다. 생애뿐만 아니라 우리는 시대 상황에 따라 소통하는 대상이 달라집니다. 대중교통이 발달함에 따라 거리의 제약이 사라지고 더 멀리 있는 대상과 만날 수 있게 되었습니다. 전자기기가 발달함에 따라 더 많은 정보를 얻을 수 있고, 더 많은 사람들과 소통할 수 있게 되었습니다. 가상의 세계가 현실의 세계에 유용하게 작용함에 따라 우리의 삶은 이전과는 다르게 보다 더 넓은 장으로 '확장'됩니다. 이를 통해 알 수 있는 **세 번째 Key는 확장**입니다.

(4) 개념 정리

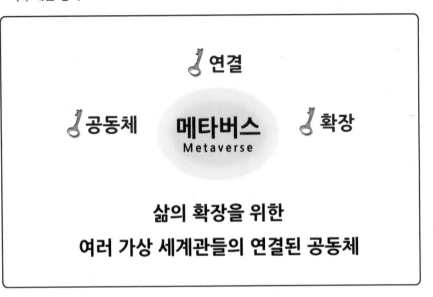

메타버스란 무엇일까요? 위에서 언급한 Key를 사용하여 문장을 만들어보겠습니다. **"삶의 확장을 위한 여러 가상 세계관들의 연결된 공동체"** 앞으로 메타버스로 인해 여러 가상 세계관들이 등장할 것입니다. 그리고 그것들은 서로 유기적으로 연결되어 영향을 미칠 것입니다. 이 모든 것들은 삶과 떨어져서 생각할 수 없으며 오히려 삶의 확장을 돕는 유용한 도구 및 매개체가 될 것입니다. 그렇다면 메타버스를 구성하고 있는 요소는 무엇이 있을까요?

4) 메타버스의 속성

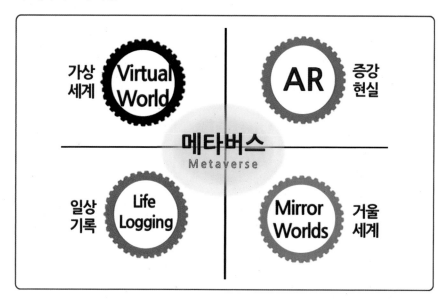

메타버스는 가상세계, 증강현실, 일상기록, 거울세계라는 속성들이 부품이 되어 돌아가고 있습니다. 우리가 '메타버스'라고 이야기할 때 이 속성들을 자주 언급합니다. 다른 말로는 Virtual World, AR, Life Logging, Mirror Worlds 라고 부르며 메타버스의 핵심 기술입니다.

(1) 가상세계(Virtual World)

가상세계(Virtual World)를 살펴보겠습니다. 가상세계는 '가상현실'과 떨어트려 생각할 수 없는 개념이자 기술입니다. 흔히 헛것만 보이는 세상을 말합니다. 가상세계를 구현하고 있는 메타버스로는 제페토, 이프랜드, 게더타운, 잽 등이 있으며 VR기기를 이용한 가상현실에는 메타의 호라이즌이 있습니다. 휴대폰으로 QR코드를 찍어 관련 영상을 시청해보세요.

(2) 증강현실(AR)

다음으로는 증강현실(AR)을 살펴보겠습니다. 흔히 현실 세계 위에 헛것이 보이는 현상을 말합니다. 휴대폰을 사용하여 포캣몬을 잡는 포캣몬고(pokemon go), 또는 유플러스에서 출시한 AR글래스가 증강현실에 속합니다. AR 기술은 이외에도 교육, 산업현장 등에서 유용하게 사용되는 기술입니다. 휴대폰으로 QR코드를 찍어 관련 영상을 시청해보세요.

(3) 일상기록(Life Logging)

이어서 일상기록(Life Logging)을 살펴보겠습니다. 일상기록은 우리가 평소에 자주 사용했던 SNS가 바로 여기에 속합니다. 쉽게 말해 디지털 일기장입니다. 종이에 일기를 기록하는 것처럼 우리는 우리의 생각, 사진, 소리, 영상 등을 디지털 일기장인 SNS에 기록합니다. 심지어 웨어러블 기기를 활용하여 우리의 신체정보까지 기록합니다. 다큐멘터리 '너를 만났다'는 이러한 일상의 기록된 정보들을 취합하여 그리운 사람을 구현해 내었습니다. 휴대폰으로 QR코드를 찍어 관련 영상을 시청해보세요.

(4) 거울세계(Mirror Worlds)

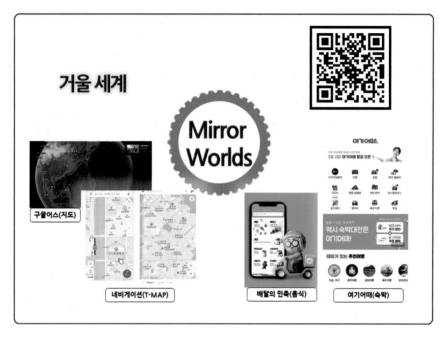

마지막으로 거울세계(Mirror Worlds)를 살펴보겠습니다. 거울세계는 현실에 있는 다양한 정보들을 가상의 세계로 그대로 가져와 필요에 따라 유용한 정보를 추출하는 개념이자 기술입니다. 구글어스는 전 세계의 모습, 지구의 모습까지 위성으로 담아서 한눈으로 볼 수 있게 구현하였습니다. 또한 운전할 때 사용하는 네비게이션은 현실의 공간을 간략하게 표시함으로 길을 찾는데 용이하도록 만들어졌으며, '배달의 민족'은 동네에 있는 음식점의 위치와 배달을, '여기어때'는 동네에 있는 숙박업소의 위치와 예약을 도와주는 어플입니다. 이처럼 거울세계는 현실을 살아가는 우리들의 편리를 도와줍니다. 휴대폰으로 QR코드를 찍어 관련 영상을 시청해보세요.

(5) 연결된 메타버스

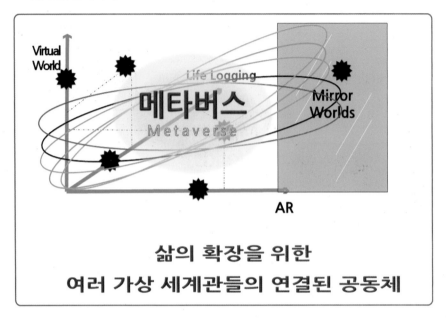

앞에서 살펴본 메타버스의 속성은 단독으로 구성 될 수도 있고, 2~3개 그 이상으로
연결되어 자신만의 세계관을 만들어갈 수 있습니다. 다큐멘터리 – '너를 만났다'는 일
상기록에 가상현실의 기술을 접목하였고 가장 추억되는 장소를 거울세계의 기술로
구현하였습니다. 이처럼 메타버스의 속성은 서로 연결되고 강조되어 이를 경험하는
사람으로 하여금 다양한 삶의 확장을 도와줍니다. 메타버스는 "삶의 확장을 위한 여
러 가상 세계관들의 연결된 공동체"입니다.

❷ 공간으로의 초대

메타버스는 점, 선, 면으로 이루어져있는 '공간'과 같습니다. 현실에서 우리가 상대방과 특정 장소에서 만나 이야기하며 시간을 보내는 것과 같이 메타버스는 우리로 하여금 특정한 공간에서 상대방과 소통할 수 있도록 도와주며 필요한 정보와 여가의 시간을 제공합니다.

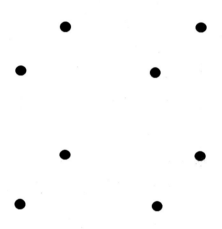

우리의 세상은 이렇게 **점**과 같이 흩어져 있었습니다. 나와 너도 떨어져서 소통하기가 어려웠고 독단적으로 존재했습니다. 그러나 교통과 기술이 발달함에 따라 서로 연결되었습니다.

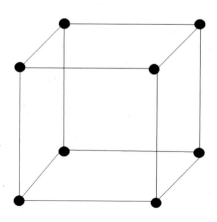

선으로 연결된 세상은 보다 입체적이며 안정적입니다. 그러나 아직 뚫려있는 공간을 메우기에는 다소 부족했습니다. 세상은 더욱 빠르게 변화했고 이 빈 공간을 메우기 위해 많은 양의 정보를 교환했습니다. 인터넷이 발달하며 빈공간이 없을 만큼 세상은 정보를 공유하기에 이르렀습니다.

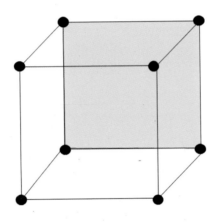

면으로 된 세상은 어디에서나 소통할 수 있고 어디에서나 정보를 교환할 수 있습니다. 현실과는 또 다른 가상의 세계관이 형성되며 이곳에서 또 다른 삶의 방식이 생겨났습니다. 우리의 시간은 대부분 이곳에서 이루어지며 이곳은 또 다른 현실입니다.

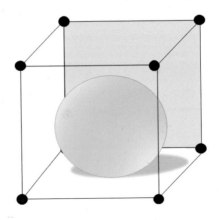

면과 면이 만나 이제는 **공간**을 만들었습니다. 메타버스는 일방적인 면이 아닌 우리를 공간으로 초대합니다. 공간은 참여하는 우리들에게 새로운 경험을 제공합니다. 보다 입체적이며 역동적이고 창의적인 경험을 할 수 있습니다. 우리는 현실의 '공간'에 생각보다 많은 부분 영향을 받습니다. '공간'에 따라 삶의 양식이 달라지기 때문입니다. 다가오는 메타버스의 세상은 여러분을 이 공간의 세계를 경험할 수 있도록 초대하고 있습니다.

메타버스= 공간(세계관)으로의 초대

저는 수많은 메타버스의 플랫폼 중 ZEP이라는 메타버스 세상에 여러분들을 초대하고 싶습니다.

memo

제 **2** 장

누워서 메타버스 만들기

메타버스 시작하기

Check Point

❯ 제2장에서는 무엇을 배울 수 있나요?

제2장 강의 및 수업내용 영상

- ZEP이라는 메타버스 플랫폼을 이해할 수 있습니다.

- ZEP의 사용방법을 익힐 수 있습니다.

- ZEP을 사용하기 위한 용어를 익힐 수 있습니다.

- 나만의 메타버스를 만들기 위한 아이디어를 얻을 수 있습니다.

- 메타버스를 시작하기 위한 사전준비를 할 수 있습니다.

제2장 메타버스 시작하기

한 사람을 알아갈 때 가장 좋은 방법은 함께 시간을 보내고 친해지는 것입니다. 마찬가지로 메타버스를 알기 위해선 시간을 보내며 친해져야 합니다.

1 친해지기(체험하기)

PC 접속 링크: https://m.site.naver.com/11utW

휴대폰을 꺼내 큐알코드를 찍어 메타버스를 경험해 보세요. 주어진 미션을 하나씩 해결하며 시간을 보내고 책을 읽어주세요.

• 캐릭터 작동하는 법 PC / 모바일

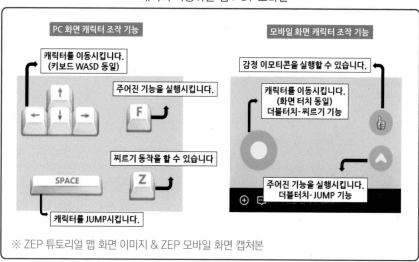

PC 화면 캐릭터 조작 기능

캐릭터를 이동시킵니다.
(키보드 WASD 동일)

주어진 기능을 실행시킵니다.
F

찌르기 동작을 할 수 있습니다
Z

SPACE

캐릭터를 JUMP시킵니다.

모바일 화면 캐릭터 조작 기능

감정 이모티콘을 실행할 수 있습니다.

캐릭터를 이동시킵니다.
(화면 터치 동일)
더블터치-찌르기 기능

주어진 기능을 실행시킵니다.
더블터치- JUMP 기능

※ ZEP 튜토리얼 맵 화면 이미지 & ZEP 모바일 화면 캡처본

2 메타버스 ZEP이란?

메타버스와 조금 친해지셨나요? 다양한 메타버스의 플랫폼이 많이 있지만 함께 살펴본 메타버스는 ZEP이라는 플랫폼입니다. ZEP이라는 플랫폼은 친해지기 쉬운 메타버스이기 때문에 여러분들께 소개해 드립니다. 처음 만나는 친구가 편하면 빨리 친해질 수 있지 않을까요?

네이버Z와 슈퍼캣이 함께 출시한 2D아트 기반 메타버스 플랫폼

1) ZEP?

ZEP(잽)은 **"모두를 위한 메타버스 플랫폼"**이라는 목적을 가지고 있습니다. '모두'라는 말에는 남녀노소 누구나 쉽게 참여할 수 있다는 말입니다. 그 목적에 맞게 아주 간편한 기능과 쉽게 따라할 수 있는 환경 그리고 창의적인 툴이 제공되어 있습니다. 아래에 ZEP이 가지고 있는 특징을 간략하게 정리하였습니다.

(1) 해외에서 인기있는 게더타운과 기본 포맷이 동일합니다.

(2) '슈퍼캣'과 '네이버 Z(제페토)'가 합작으로 만든 플랫폼입니다.

(3) 현재 무료로 이용이 가능합니다. (2023.1.11기준)

(4) 게더타운의 부족한 점을 보완하였습니다. (전체 음소거 등)

(5) 미니 게임으로 상대방과 즐거운 시간을 보낼 수 있습니다.
(똥피하기, ox퀴즈, 좀비 게임)

(6) 한글 기반 인터페이스로 쉽게 적응할 수 있습니다.

(7) ZEP Script(잽 스크립트)를 제공함으로 코딩을 사용해 내가 원하는 기능을 개발할 수 있습니다.

2) ZEP의 장점

현재 ZEP은 굉장히 편한 인터페이스와 넓은 확장성으로 많은 개발자들 사이에 입소문이 퍼지고 있는 플랫폼 입니다. 특히 사업가들 사이에서 높은 추천을 받고 있으며 해외에서 만들어진 게더타운과 다르게 한글을 지원하며 빠른 업데이트로 개발자들의 수고를 줄여주는 유저 친화적 플랫폼으로 자리를 잡아가고 있습니다. 아래에 ZEP의 장점을 간략하게 정리하였습니다.

(1) 초보자도 쉽게 메타버스 공간을 만들 수 있는 인터페이스를 가지고 있습니다.
(2) 아바타만 나오는 여타 플랫폼과 다르게 카메라를 지원해서 ZOOM과 같은 온라인 화상 회의가 가능합니다.
(3) 탑뷰(Top View) 형식의 플랫폼으로 한눈에 맵이 잘 보이는 간편한 화면을 제공합니다.
(4) 모바일 및 PC로 동시 사용 및 접속이 가능한 환경을 제공합니다.
(5) 처음 접속한 유저들도 바로 사용 할 수 있는 간편한 키로 구성되어 있습니다.
(6) 굉장히 넓은 확장성으로 다양하게 맵을 구성할 수 있습니다.
(7) 웹으로 구현한 간편한 초대기능이 있어 로그인을 하지 않아도 이용할 수 있습니다.
(8) ZEP Script(잽 스크립트)를 제공함으로 간단한 코딩조작만으로도 창의적인 표현이 가능합니다.

3) ZEP의 활용예시

위에서 살펴본 것과 같이 ZEP은 간편성, 독창성, 접근성, 공유성 등의 장점이 있습니다. 이러한 장점으로 인해 기업의 행사나 홍보에 아주 유용하게 사용되고 있습니다. 여러분도 책 내용을 통해 간단한 ZEP의 기능을 조금만 배우신다면 여러분만의 메타버스 세상을 충분히 만드실 수 있을 것이라 확신합니다. 아래에는 실제 행사와 드라마 홍보때 사용된 ZEP 공간을 소개해 드립니다.

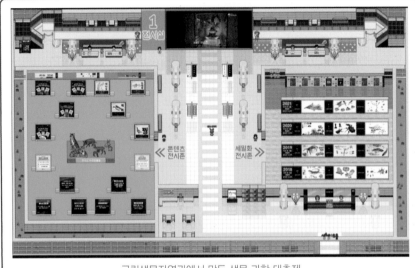

국립생물자연관에서 만든 생물 과학 대축제

기상청 사람들 드라마 홍보용 메타버스 맵

③ 가입하기

어떤 플랫폼이든 회원가입은 필수입니다. 눈으로 보고 경험하는 정도는 회원가입 없이 가능하지만 직접 만들고 활용하기 위해서는 반드시 가입을 해야 합니다. 안내에 따라 Step by step으로 따라해 보시길 바랍니다.

1) PC를 통해 네이버 혹은 구글로 'ZEP'을 검색하여 홈페이지 들어가기

2) 처음 화면에서 시작하기 또는 로그인 버튼 누르기

3) 원하는 로그인 방식으로 들어가기(구글, 웨일, 네이버 등 기타 이메일)

4) 로그인했던 메일을 통해 인증코드 넣기

④ 외부둘러보기

간단한 방식으로 ZEP 회원가입이 완료되었습니다. 뷔페를 가도 어떤 맛있는 음식이 있는지 먼저 둘러보는 것처럼 메타버스 플랫폼 ZEP을 함께 둘러보겠습니다. 그중에 마음에 드시는 내용이 있다면 따로 메모를 하시거나 캡처를 해두시는 것을 추천드립니다.

1) 맵 탐방하기

ZEP에서는 '공간'의 개념으로 '맵'이라는 용어를 사용합니다. 그렇기에 우리는 공간을 만드는 맵 개발자가 되어야 합니다. 따라서 얼마나 맵을 잘 만들고 활용하는가에 따라 맵의 가치는 올라갈 것입니다.

• 둘러보기를 통해 맵 3개 이상 탐방해보기

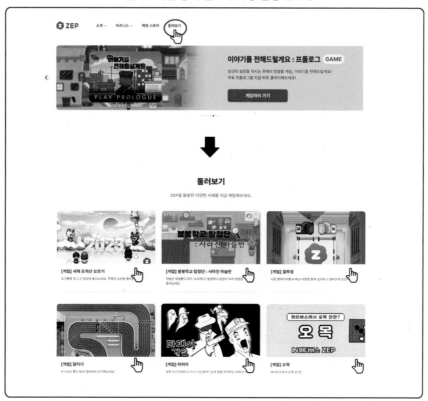

2) 오브젝트 구매하기(무료)

여러 가지 맵을 탐방하고 오셨나요? 여러 맵을 돌아다니다 보면 맵마다 사용하는 그림들이 다 다른 것을 알 수 있습니다. 가령 도서관맵을 들어가면 분위기에 맞는 책상, 의자, 책 등이 있을 것이고 백화점맵에 가면 분위기에 맞는 물건들이 있을 것입니다. ZEP에서는 다양한 요소의 그림들을 '오브젝트'라고 합니다. 어떠한 오브젝트를 사용하고, 어디에 위치하는가에 따라 맵의 분위기와 활용도가 달라집니다. 여러분이 살고 있는 집의 인테리어에 따라 분위기가 달라지는 것 처럼요!

● 에셋스토어에서 마음에 드는 무료 오브젝트 3개 이상 구매하기

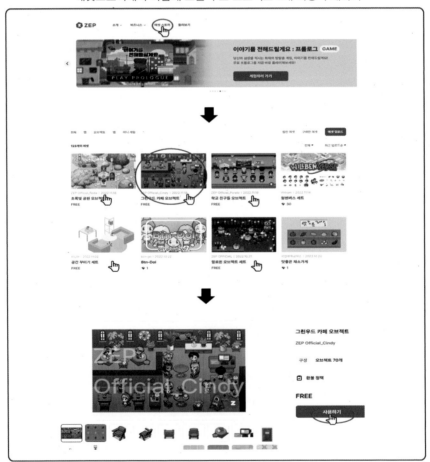

3) 주요 기능 살펴보기

에셋스토어에서는 맵과 오브젝트 이외에도 앱과 미니게임도 구매하여 사용할 수 있습니다. **'앱'**은 메타버스 맵 내에서 활용할 수 있는 유용한 기능을 가진 '효과' 같은 개념입니다. 가령 공부앱은 스톱워치 기능을 제공하며, 슬라임세상 앱은 캐릭터를 물방울 모양의 캐릭터로 바꾸어줍니다. **'미니게임'**은 맵 내에서 즐길 수 있는 게임으로 똥피하기 좀비게임 등 여러 사람들과 함께 놀이를 할 수 있는 게임기능입니다. **'가이드'**는 ZEP에서 제공하는 사용법 안내서이며 ZEP에서는 **'ZEM'**이라는 포인트 제도를 이용하고 있는데, ZEM을 충전하여 유료 에셋들을 구매하거나 맵 개발자들을 후원할 수 있습니다.

• 앱, 미니게임, 가이드, ZEM 알아보기

⑤ 내부둘러보기

이제 실질적으로 자주 사용하게 되는 중요한 기능들에 대해서 살펴보겠습니다. 외부에서 만났던 요소들이 사이드메뉴였다면 지금은 메인 메뉴입니다.

1) 조작 기능 살펴보기

내부 조작 기능을 살펴보기 위해서 나만의 샘플 공간을 만들어보겠습니다.

(1) 나만의 스페이스 만들기

❶ 기본화면 ➔ ❷ 스페이스만들기 ➔ ❸ 빈 맵에서 시작하기 ➔ ❹ 스페이스 이름(예시:테스트)
➔ ❺ 태그(예시:교육) ➔ ❻ 만들기

(2) 주요 조작 기능 알아보기

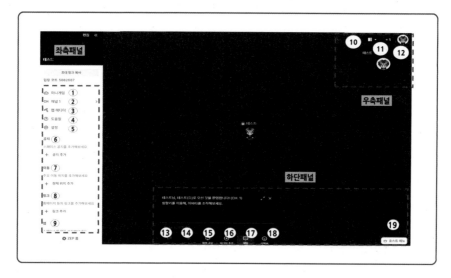

① 좌측패널

1. 미니게임: 맵에서 참가자들과 함께 할 수 있는 미니게임을 실행할 수 있습니다.

2. 채널리스트: 인원수와 행사에 따라 채널을 다르게 설정할 수 있습니다.

3. 맵 에디터: 맵을 꾸밀 수 있는 편집 화면으로 이동합니다.

4. 도움말: ZEP가이드 사이트로 이동합니다.

5. 설정: 사용자와 호스트에 대한 설정 및 권한을 조정하거나 부여할 수 있습니다.

6. 공지: 방에 들어온 모든 사람들에게 하고 싶은 이야기를 적어 알릴 수 있습니다.

7. 이동: 현재 서 있는 위치를 기억하고 빠른 이동을 도와줍니다. (책갈피 기능)

8. 링크: 유용한 링크를 게시합니다. (즐겨찾기 기능)

9. 앱: 유용한 기능을 가진 앱을 사용할 수 있습니다.

② 우측패널

10. 그리드설정: 사용자의 편의에 따라 사용자의 화면을 정렬할 수 있습니다.

11. 참가자 설정: 방장 및 스태프와 일반참가자를 한 눈에 보고 설정할 수 있습니다.

12. 내 프로필: 이름을 바꾸고 아바타를 꾸미는 등 캐릭터에 대한 설정을 할 수 있습니다.

③ 하단패널

13. 카메라: 카메라를 켜고 끌 수 있습니다.

14. 마이크: 마이크를 켜고 끌 수 있습니다.

15. 화면공유: 여러 방식으로 화면을 공유하거나 화면과 오디오를 함께 공유할 수 있습니다.

16. 미디어 추가: 유튜브, 이미지, 파일 등 참가자들과 공유할 수 있습니다.

17. 채팅: 채팅 화면을 켜고 끌 수 있습니다.

18. 리액션: 여러 가지 이모티콘을 활용하여 리액션을 할 수 있습니다.

19. 호스트메뉴(설정): 위의 5번과 같은 기능입니다.

2) 맵 제작 기능 알아보기

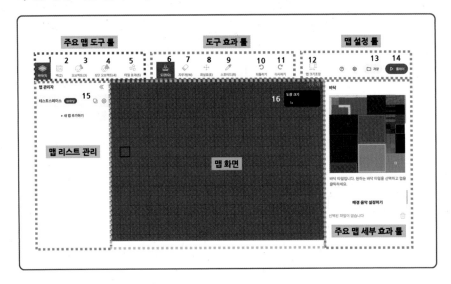

(1) 주요 맵 도구 툴

1. 바닥: 캐릭터가 지나갈 수 있는 바닥에 대한 설정을 합니다.

2. 벽: 캐릭터가 지나갈 수 없는 벽에 대한 설정을 합니다.

3. 오브젝트: 맵에 필요한 오브젝트에 대한 설정을 합니다. (캐릭터가 앞에 위치합니다)

4. 상단오브젝트: 맵에 필요한 오브젝트에 대한 설정을 합니다. (캐릭터가 뒤에 위치합니다)

5. 타일 효과: 타일(작은 네모) 한 칸에 대한 설정을 합니다.

(2) 도구 효과 툴

6. 도장: 설정한 주요 맵 도구 툴의 내용을 맵 화면에 옮겨 놓습니다.

7. 지우개: 도장의 내용을 지웁니다.

8. 화살표: 조작하기 쉽도록 보이는 화면을 이동하여 조절합니다.

9. 스포이드: 도장의 내용을 그대로 복사합니다.

10. 되돌리기: 앞선 조작을 되돌립니다.

11. 다시하기: 되돌린 조작을 다시 실행합니다.

(3) 맵 설정 툴

12. 맵 크기 설정: 맵의 크기를 설정하여 캐릭터의 활동범위를 정합니다.

13. 저장: 만든 맵의 내용을 저장합니다.

14. 플레이: 내가 만든 맵을 실제로 실행할 수 있습니다.

(4) 맵 리스트 관리

15. 스페이스설정: 만든 맵을 복사하거나 공간의 여러 기능들을 설정할 수 있습니다.

(5) 맵 화면

16. 도장 크기: 도장의 크기를 1,4,16(정사각형)로 조절하여 한 번에 옮겨놓는 양을 조절합니다.

(6) 주요 맵 세부효과 툴

- 뒷페이지 실제 맵을 제작하면서 추가 안내

memo

제 **3** 장

누워서 메타버스 만들기

메타버스에 스며들기

Check Point

제3장에서는 무엇을 배울 수 있나요?

- 제2장에서 살펴본 내용들을 천천히 따라하며 익힐 수 있습니다.
- 맵에디터의 주요기능을 자세히 이해할 수 있습니다.

제3장 강의 및 수업내용 영상

- 맵에디터의 기능을 자유자재로 사용할 수 있습니다.
- 원하는 공간을 만들고 수정할 수 있습니다.
- 나만의 영상, 음악, 이미지 등을 삽입하는 방법을 배울 수 있습니다.
- 행사를 위한 명령어의 종류를 배우고 사용할 수 있습니다.

제3장을 통해서 어떤 결과물들을 얻을 수 있나요?

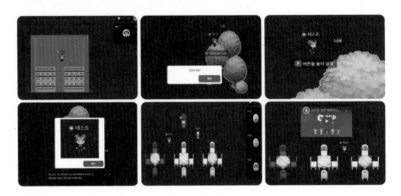

제3장 메타버스에 스며들기

제2장의 내용은 ZEP의 전반적인 내용을 살펴보았다면 제3장에서는 제2장의 기능들을 하나씩 배워보며 본인의 것으로 만들어보겠습니다. 뷔페로 따지면 하나씩 맛보는 시간입니다.

● 맵 제작 기능 파헤치기 (맵 에디터화면 * 제2장 참고)

① 바닥 사용하기

1) 바닥 기본 사용 메뉴 살펴보기

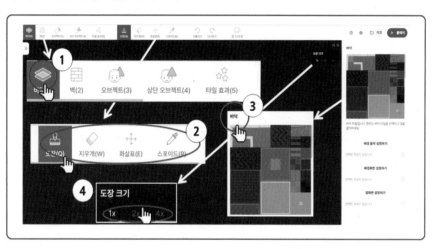

❶ 바닥: 캐릭터가 지나가는 바닥에 대한 설정을 관리합니다.

❷ 그리기 패널: 도장, 지우개, 화살표, 스포이드로 맵화면에 그린 효과를 수정할 수 있습니다.

❸ 바닥타일: 타일의 종류를 선택하여 사용할 수 있습니다.
(마우스로 클릭하면 해당 타일이 선택됩니다)

❹ 도장크기: 그리기 패널의 도장, 지우개의 크기를 조절합니다.

2) 맵화면에 바닥 그리고 지우기

❶ 도장크기 1x로 맵화면에 바닥그리기

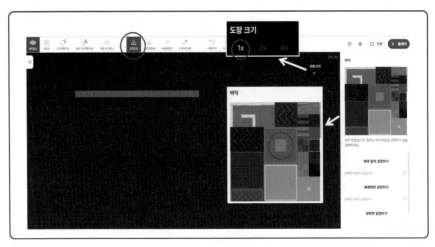

❷ 도장크기 2x로 맵화면에 바닥그리기

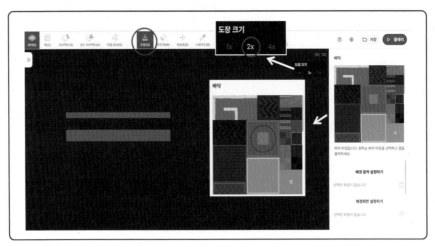

❸ 도장크기 4x로 맵화면에 바닥 그리기

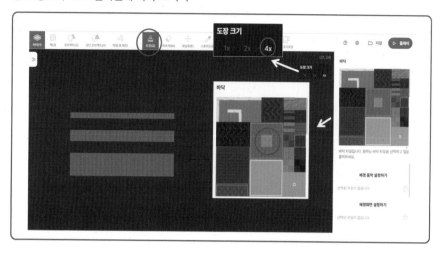

❹ 도장크기에 따라 맵화면에 그린 바닥 지우기

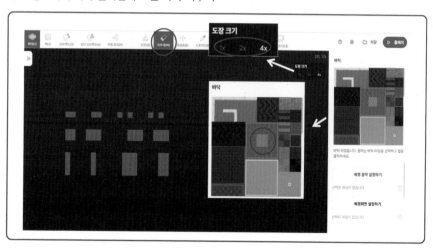

❺ 테두리 있는 방바닥 만들기

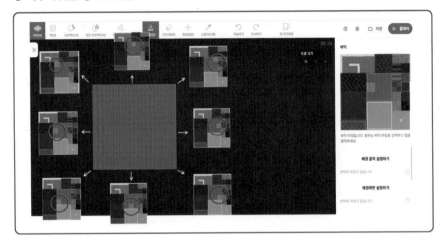

❻ 테두리 있는 방바닥 4개 이상 만들기

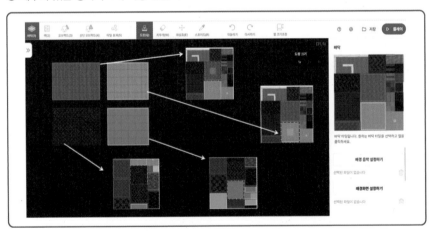

2 벽 사용하기

1) 벽 기본 사용 메뉴 살펴보기

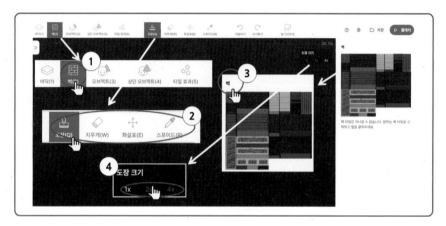

❶ 벽: 캐릭터가 지나갈 수 없는 벽에 대한 설정을 관리합니다.

❷ 그리기 패널: 도장, 지우개, 화살표, 스포이드로 맵화면에 그린 효과를 수정할 수 있습니다.
　(바닥 설정과 동일)

❸ 벽타일: 타일의 종류를 선택하여 사용할 수 있습니다.
　(마우스로 클릭하면 해당 타일이 선택됩니다)

❹ 도장크기: 그리기 패널의 도장, 지우개의 크기를 조절합니다. (바닥 설정과 동일)

2) 맵 화면에 벽타일 그리기

❶ 가로 벽 그리기

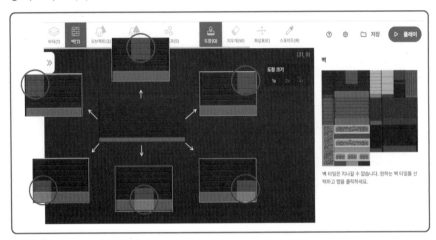

❷ 세로 벽 그리기

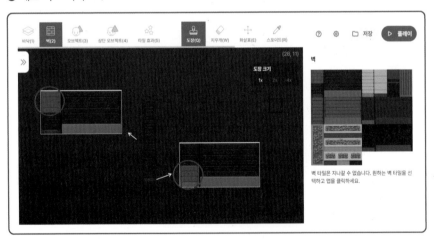

❸ 가로 화단 그리기

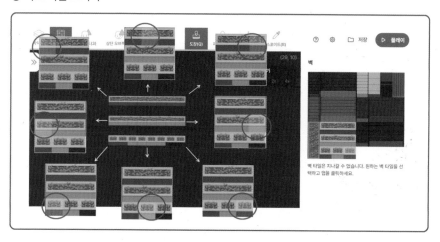

❹ 세로 화단 그리기

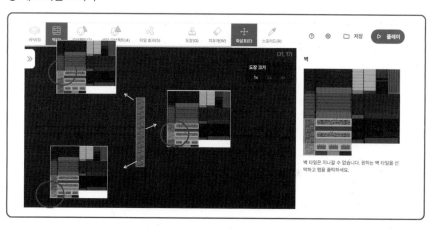

❺ 바닥, 벽, 화단 함께 그리기

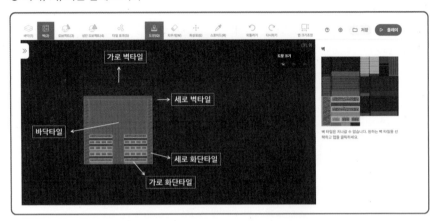

❻ 플레이해보기

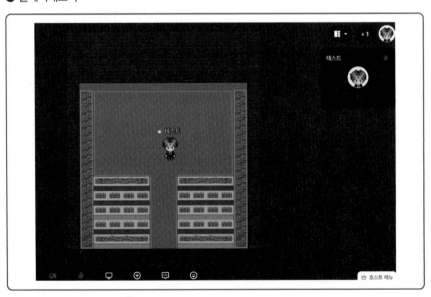

Q. 바닥과 벽을 더 크게 그리고 싶은데 그려지지 않아요. 어떻게 해야 하나요?

→ 화면 크기 설정을 조정하면 원하는 만큼 그릴 수 있어요.

③ 오브젝트 사용하기

1) 오브젝트 기본 사용 메뉴 살펴보기

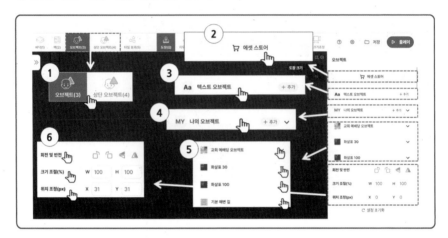

❶ 하단오브젝트: 바닥과 벽타일 위에 그릴 수 있는 오브젝트에 대한 설정을 합니다.
(캐릭터가 앞에 위치합니다)
상단오브젝트: 바닥과 벽타일 위에 그릴 수 있는 오브젝트에 대한 설정을 합니다.
(캐릭터가 뒤에 위치합니다)

❷ 에셋스토어: 다양한 무료, 유료 오브젝트를 구매할 수 있습니다.

❸ 텍스트 오브젝트: 텍스트를 입력하여 오브젝트로 만들 수 있습니다.

❹ 나의 오브젝트: 이미지 파일(png, jpg, gif 등)을 오브젝트로 만들거나 자주 사용하는
오브젝트를 관리할 수 있습니다.

❺ 오브젝트 목록: 에셋스토어에서 구매한 오브젝트의 목록을 볼 수 있고, 사용할 수 있습니다.

❻ 오브젝트 상세속성: 오브젝트에 회전 및 반전 효과를 줄 수 있고, 사이즈를 조절하거나 위치를
조절 할 수 있습니다.

2) 오브젝트 연습하기1

❶ 에셋스토어에서 오브젝트 구매하기 (예시: 초록빛 공원 오브젝트)

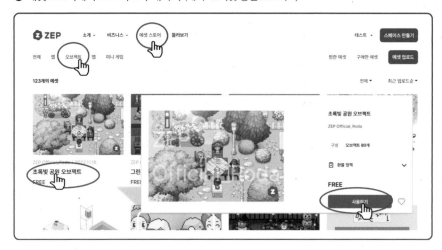

❷ 나무 오브젝트 그리기

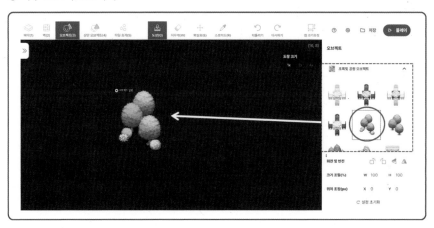

❸ 나무 오브젝트 크기별로 그리기

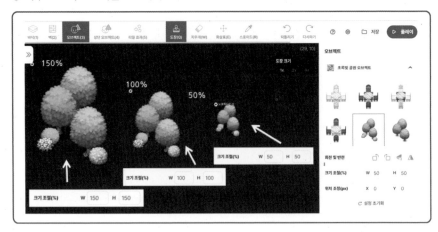

❹ 나무 오브젝트 회전 및 반전 효과 넣기

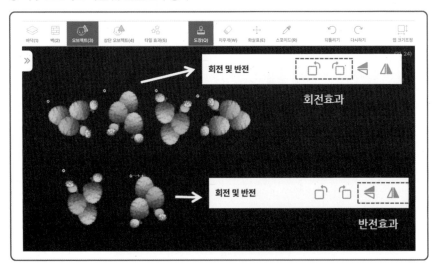

❺ 하단 오브젝트, 상단 오브젝트 사용하기

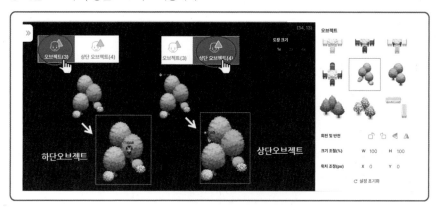

3) 오브젝트 속성 알아보기

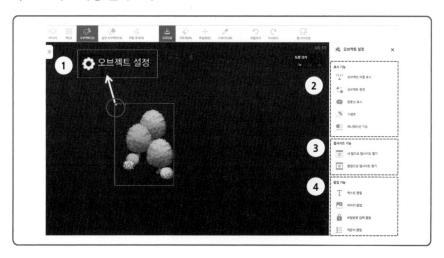

❶ 오브젝트 설정: 오브젝트의 좌측 상단에 있는 톱니바퀴를 클릭합니다.

❷ 표시기능: 오브젝트의 이름표시, 오브젝트 변경, 말풍선 표시, 스탬프, 애니메이션 기능 등을 관리할 수 있습니다.

❸ 웹사이트 기능: 새탭 또는 팝업의 형식으로 웹사이트를 연결합니다.

❹ 팝업기능: 텍스트, 이미지, 비밀번호, 객관식의 내용들을 팝업형식으로 보이도록 합니다.

4) 오브젝트 연습하기2(표시기능)

❶ 오브젝트 이름 표시하기

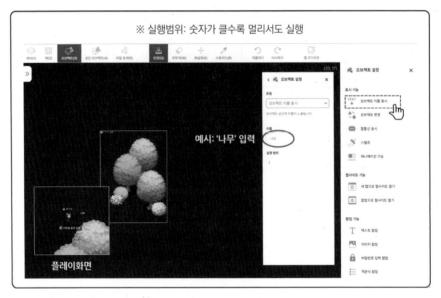

❷ 오브젝트 변경하기

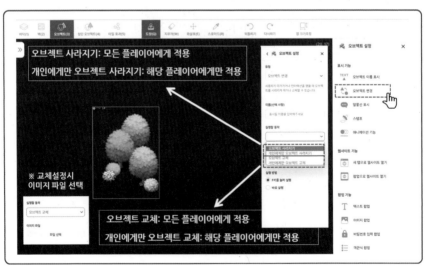

❸ 말풍선 표시하기

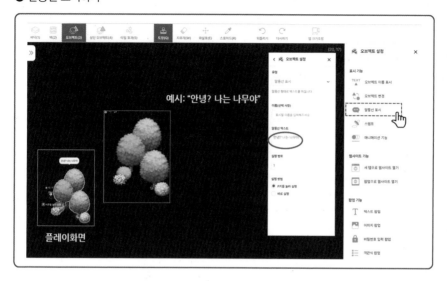

❹ 스탬프 사용하기 (기본 스탬프)

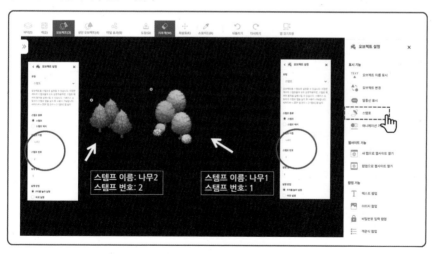

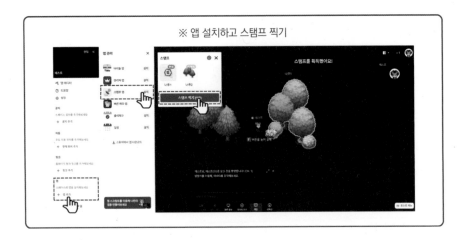

❺ 스탬프 사용하기(체커 스탬프)

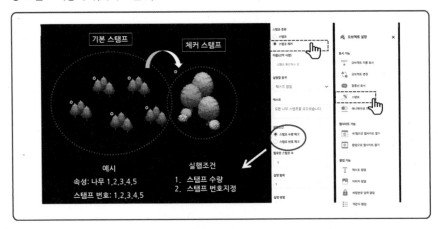

Q. 기본 스탬프, 체커 스탬프 잘 모르겠어요. 설명해주세요!

→ 체커 스탬프는 기본스탬프를 Check(확인)하는 스탬프입니다. 확인하는 방법에는 2가지가
있습니다. 하나는 **수량**이고 하나는 **번호**입니다. 만약 위의 나무 다섯 그루에 기본 스탬프를
설정하면 총 5개의 스탬프가 모아집니다. 체커스탬프에서 수량을 5를 적용하면 플레이어
가 스탬프 5개를 다 모을 때에 체커스탬프가 실행합니다. 또한 체커스탬프에서 번호를 5 적
용하면 수량과 상관없이 번호가 5인 스탬프를 플레이어가 습득할시 체커스탬프가 실행합
니다. 쉽게 말해서 기본스탬프는 **학생**이고 체커스탬프는 **선생님**입니다.

5) 오브젝트 연습하기3(웹사이트기능)

❶ 링크 복사하기 (예시: ZEP가이드 링크)

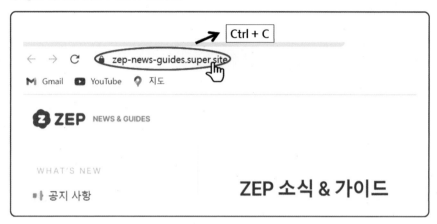

❷ 새 탭으로 웹 사이트 열기

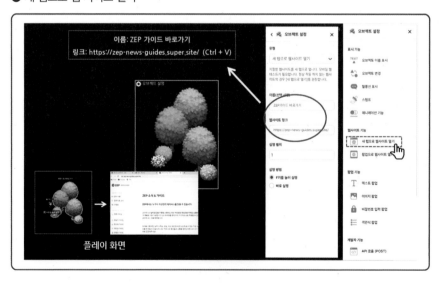

❸ 팝업으로 웹사이트 열기

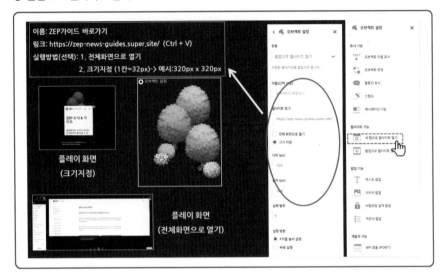

6) 오브젝트 연습하기4(팝업기능)

❶ 텍스트 팝업 사용하기

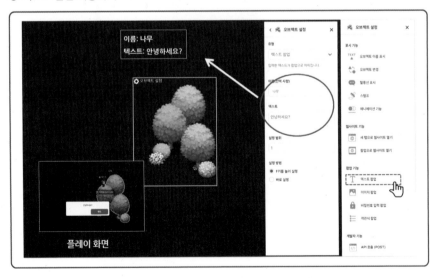

❷ 이미지 팝업 사용하기 (예시: ZEP 아바타 캡처본)

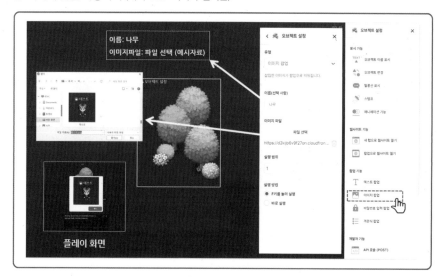

❸ 비밀번호 입력 팝업 사용하기

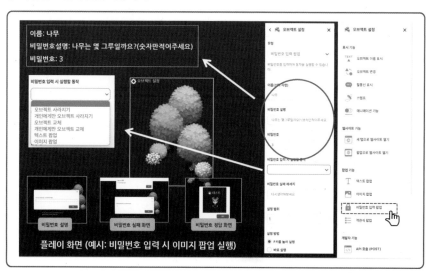

❹ 객관식 팝업 사용하기

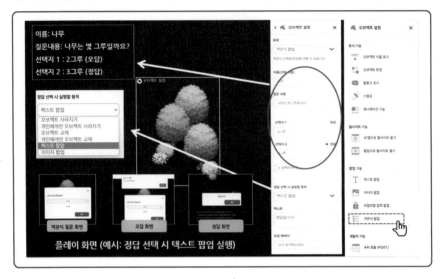

❹ 타일 효과 사용하기

1) 타일 기본 사용 메뉴 살펴보기

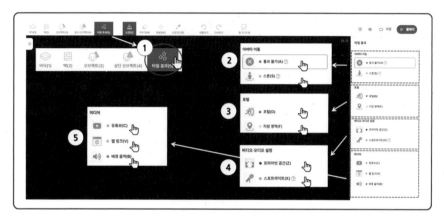

❶ 타일효과: 타일에 관한 모든 설정을 관리합니다.

❷ 아바타 이동: 캐릭터가 지나갈 수 없는 타일(**통과불가**)을 설정하거나 캐릭터가 처음 생성되는 위치(**스폰**)를 설정합니다. 즉, 캐릭터의 이동에 관한 설정을 관리합니다.

❸ 포털: **포털**은 캐릭터를 다른 곳(맵, 스페이스, 지정영역)으로 순간이동 시켜주는 기능이며 **지정 영역**은 내가 원하는 위치에 포털(순간이동)이 되도록 설정하는 기능입니다. 즉 포털은 캐릭터 의 순간이동에 관한 설정을 관리합니다.

❹ 비디오 · 오디오 설정: 캐릭터간 소통에 관한 설정을 관리합니다. 개인적인 공간에서 소통을 하 기위해 **프라이빗 공간**을 지정할 수 있고, 모두에게 이야기를 전달하기 위해 **스포트라이트** 위 치를 지정할 수 있습니다.

❺ 미디어: 미디어(유튜브, 웹링크, 배경음악)에 관한 설정을 관리합니다. 내가 원하는 크기의 **유 튜브** 영상을 게시할 수 있고, 타일에 캐릭터가 위치할 시 **웹 링크**를 실행하거나 원하는 위치에 게시할 수 있습니다. 또한 타일에 **배경음악**파일을 삽입하여 캐릭터가 타일에 위치할시 음악을 재생할 수 있습니다.

2) 타일기능 연습하기1(아바타 이동)

❶ 통과불가 기능 사용하기

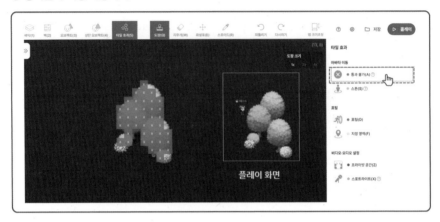

❷ 스폰 기능 사용하기

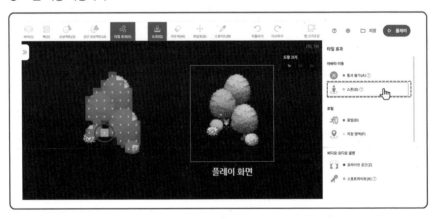

3) 타일기능 연습하기2(포털)

❶ 포털기능 사용하기(스페이스 내 다른 맵으로 이동하기)

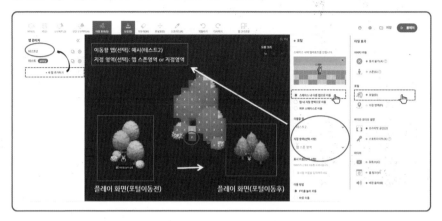

❷ 지정영역 기능 사용하기

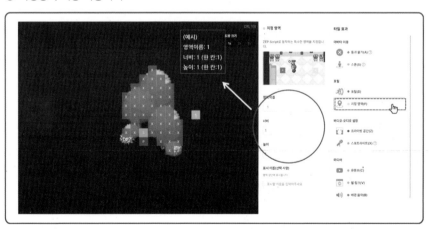

❸ 포털기능 사용하기(맵 내 지정영역으로 이동하기)

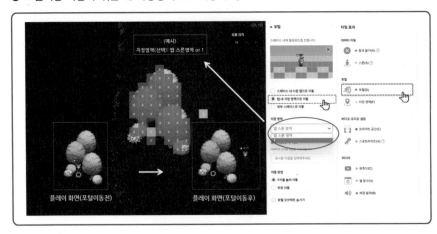

❹ 포털기능 사용하기(외부 스페이스로 이동하기)

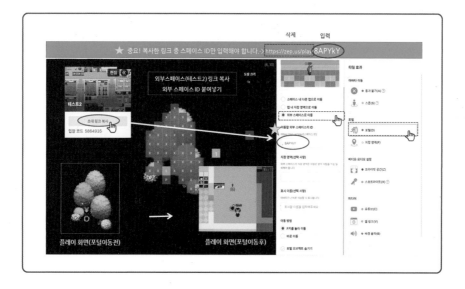

4) 타일기능 연습하기3(비디오 · 오디오 설정)

❶ 프라이빗 공간 기능 사용하기

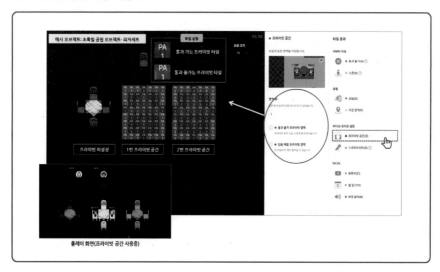

73

❷ 스포트라이트 기능 사용하기

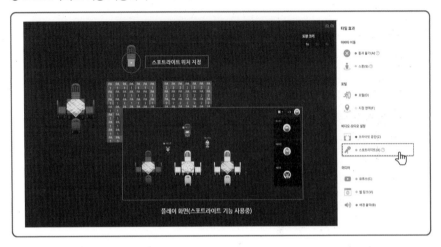

플레이 화면(스포트라이트 기능 사용중)

5) 타일기능 연습하기4(미디어)

❶ 유튜브 기능 사용하기

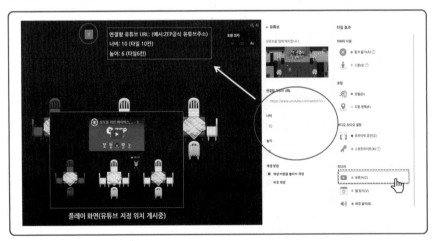

플레이 화면(유튜브 지정 위치 게시중)

❷ 웹 링크 기능 사용하기 (예시 링크: ZEP가이드 링크)

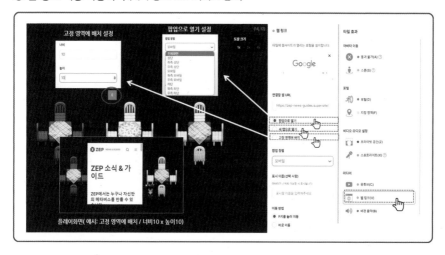

❸ 배경음악 기능 사용하기

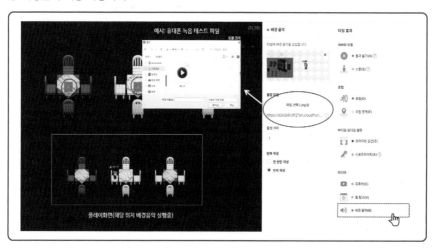

⑤ 호스트 명령어(커맨드) 살펴보기 ※ 플레이 화면의 채팅창 사용

ZEP에서 호스트가 유저들을 쉽고 간편하게 제어하여 안정적으로 행사를 진행하기 위한 기능입니다. **커맨드**를 **채팅창**에 입력하면 특정 기능을 실행할 수 있습니다. 커맨드는 본인의 스페이스거나 스페이스의 주인으로부터 스태프 이상의 권한을 받은 경우에 사용할 수 있습니다.

1) !help: 사용할 수 있는 모든 커맨드 목록을 보여줍니다.
2) !destroy: 모든 참가자를 일시적으로 강퇴하고 방을 새로고침합니다.
3) !kick NAME: 해당 참가자를 방에서 강퇴합니다. 강퇴 당한 참가자는 24시간 동안 해당 스페이스에 접속하지 못합니다.

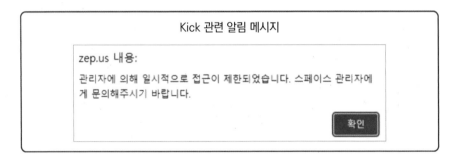

Kick 관련 알림 메시지

zep.us 내용:
관리자에 의해 일시적으로 접근이 제한되었습니다. 스페이스 관리자에게 문의해주시기 바랍니다.

확인

4) !clear: 모든 대화 내용을 삭제합니다.
5) !muteall: 맵에 있는 모두의 영상을 모두 음소거 합니다.
6) !unmuteall: 맵에 있는 모두의 영상을 음소거 해제 합니다.
7) !spotlight NAME: 해당 유저에게 스팟라이트 권한을 토글 합니다.
   (같은 플레이어를 대상으로 해당 커맨드를 두 번째 입력하면 스포포트라이트 권한 토글이 취소됩니다.)
8) !spawn NAME: 해당 유저를 현재 자신의 위치로 소환합니다.
9) !chatinterval SECONDS: 채팅 슬로우 모드를 적용합니다. N초 마다 채팅이 가능하여 도배를 방지할 수 있습니다.

memo

제 **4** 장

누워서 메타버스 만들기

나만의 공간 만들기

Check Point

● **제4장에서는 무엇을 배울 수 있나요?**

- 나만의 메타버스 공간을 만들 수 있습니다.
- 나만의 공간에 사람들을 초대할 수 있습니다.
- 나만의 공간에서 화상회의 및 채팅을 할 수 있습니다.
- 한 공간에서 미디어를 함께 볼 수 있습니다.
- 나만의 공간에서 여러 가지 게임을 할 수 있습니다.

제4장 강의 및 수업내용 영상

● **제4장을 통해서 어떤 결과물들을 얻을 수 있나요?**

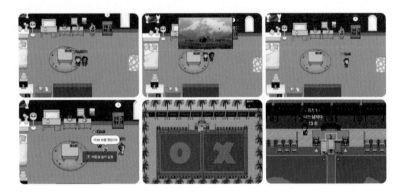

● **제4장을 어디까지 응용할 수 있나요?**

- 메타버스 내에 **상담실**을 만들 수 있습니다.
- 메타버스로 **수련회**를 진행할 수 있습니다.
- 메타버스로 **화상수업**을 할 수 있습니다.
- 메타버스로 **보이는 라디오**를 할 수 있습니다.
- 메타버스로 **깜짝 이벤트**를 할 수 있습니다.
- 메타버스로 **단체 레크레이션**을 할 수 있습니다.

제4장 나만의 공간 만들기

이제 메타버스 플랫폼 ZEP을 활용하여 나만의 맵을 만들어 보겠습니다. 뷔페로 따지면 식사 시간입니다! 앞에 둘러본 여러 요소들을 활용하여 나만의 공간을 만들고 이 공간에서 여러 가지 활동을 해보겠습니다.

1 내 방 만들기

항상 생활하는 공간을 메타버스 위에 올려놓는다면 어떨까요?

1) 나만의 스페이스에서 맵 에디터 실행하기

2) 맵 초기화하기

❶ 맵 크기조정 ➜ **❷** 맵 초기화하기

3) 주요 맵 도구 툴을 활용하여 방 바닥과 벽 모양 설정하기

(1) 바닥 만들기

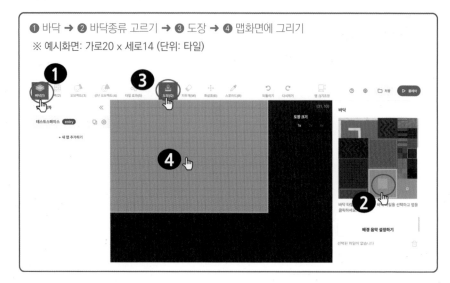

(2) 벽 만들기

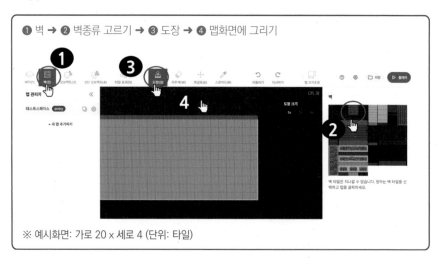

(3) 플레이 버튼을 눌러 원하는 방의 크기가 되었는지 확인하기

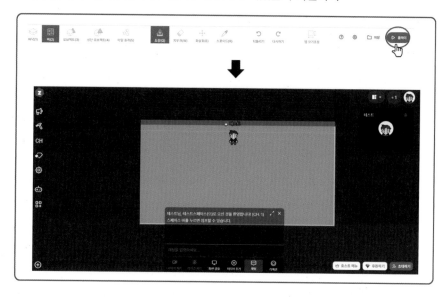

4) 오브젝트와 상단 오브젝트를 활용하여 방 꾸미기

(1) 오브젝트를 활용하여 방 꾸미기

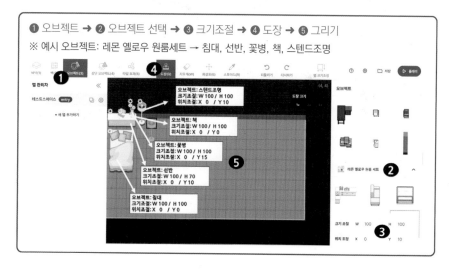

(2) 상단오브젝트를 활용하여 방 꾸미기

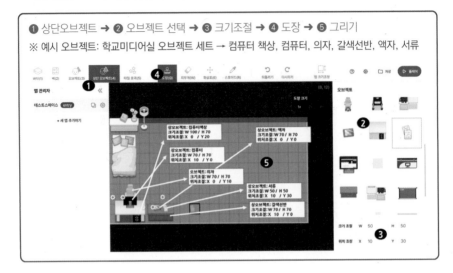

(3) 다양한 오브젝트를 이용하여 추가로 꾸미고 플레이버튼 눌러 확인하기

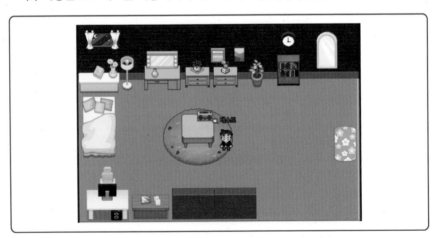

5) 타일효과를 활용하여 스폰위치와 통과불가지역 설정하기

(1) 통과불가 지역 설정하기 & 스폰위치 설정하기 ※ 스폰? 캐릭터 생성위치

❶ 타일효과 ➔ ❷ 통과불가 or 스폰 ➔ ❸ 도장 ➔ ❹ 그리기

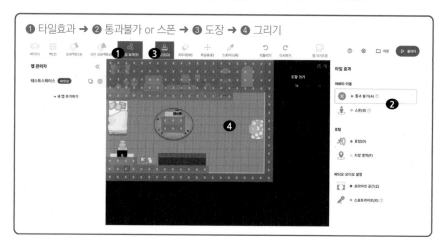

(2) 플레이버튼 눌러서 학인하기

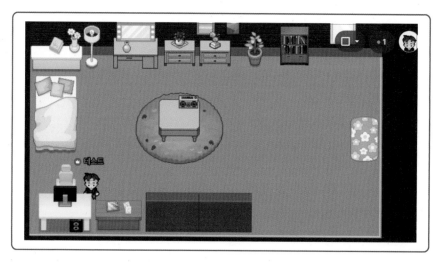

② 내 방에 가족 or 친구 초대하기

이사를 하면 친한 사람들을 불러 축하하듯이 내가 만든 나만의 메타버스 방에 가족 or 친구를 초대해봅시다!

1) 스페이스 인원 설정하기

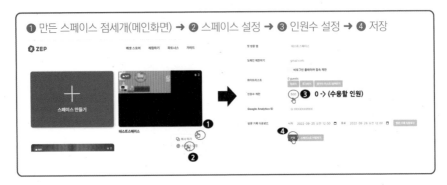

❶ 만든 스페이스 점세개(메인화면) ➜ ❷ 스페이스 설정 ➜ ❸ 인원수 설정 ➜ ❹ 저장

2) 초대링크 복사하기

❶ 초대하기 ➜ ❷ 초대링크 복사하기

3) 가족 & 친구에게 초대링크 보내기(카카오톡/문자/메일)

4) 친구 & 가족과 채팅하기

3 내 방에서 얼굴보고 대화하기

1) PC 카메라 & 마이크 세팅하기

2) 모바일 카메라 & 오디오 설정하기

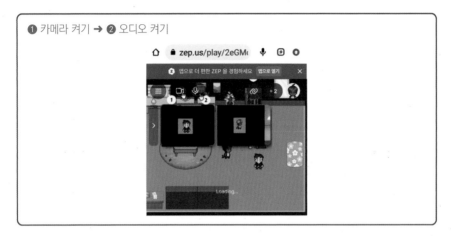

3) 모바일 ZEP 카메라 & 오디오 실행되지 않을 경우

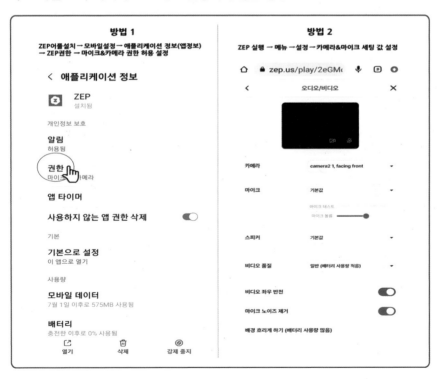

④ 내 방에서 함께 유튜브 보기

나만의 공간에 찾아온 손님과 함께 유튜브로 영상을 시청해보세요!

1) 방법A: 화면& 오디오 공유로 함께 유튜브 보기

(공유할 영상준비) ❶ 하단패널 '화면공유' ➜ ❷ 화면/오디오 공유하기 ➜ ❸ 오디오공유 체크 ➜ ❹ 창or탭 ➜ ❺ 공유할 영상 선택 ➜ ❻ 공유

2) 방법B: 미디어 추가하여 함께 유튜브 보기(추천)

(시청할 영상 유튜브주소 복사) ❶ 하단패널 '미디어추가' ➜ ❷ 유튜브 ➜ ❸ 영상 주소 붙여넣기 ➜ ❹ 화면크기 설정 ➜ ❺ 확인

제4장 나만의 공간 만들기

3) 공유한 유튜브 영상 지우는 방법

미디어 우측 위쪽에 있는 X버튼을 누르거나 삭제할 유튜브 블록을 캐릭터 하단에 두고 키보드 Space bar를 눌러 Jump하기

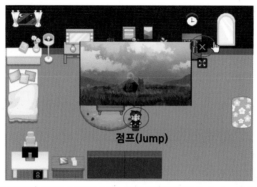

점프(Jump)

⑤ 내 방에서 보물찾기 하기

초대한 손님들에게 보물찾기로 재미있는 추억을 선물해주세요!

1) 꽝 오브젝트 설정하기(꽝 오브젝트 3개 이상 만들기)

(맵에디터실행) ❶ 오브젝트 or 상단오브젝트 ➔ ❷ 도장 ➔ ❸ 해당 오브젝트 왼쪽 위 톱니바퀴 ➔ ❹ 말풍선 표시 ➔ ❺ 말풍선 텍스트 ➔ ❻ 실행범위(숫자가 클수록 멀리서도 인식함) ➔ ❼ 실행방법(F를 눌러 실행)

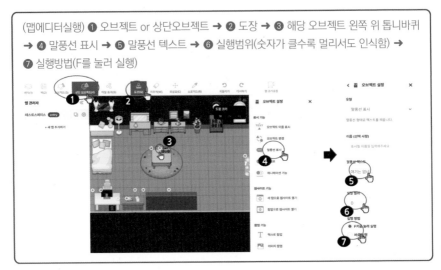

● 실행화면

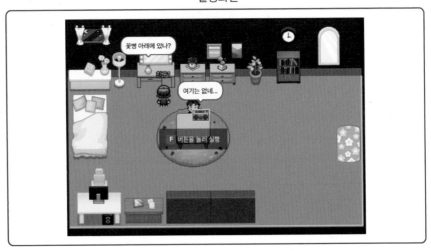

2) 보물 오브젝트 숨기기 & 앞 오브젝트 사라지게 하기

(1) 보물 오브젝트 집어넣기

❶ 오브젝트 → ❷ 선물상자 오브젝트(크리스마스오브젝트 하단) → ❸ 크기 줄이기(예시:40x40)
→ ❹ 도장 → ❺ 원하는 위치에 옮기기 → ❻ 해당 오브젝트 톱니바퀴(설정) →
❼ 말풍선효과(텍스트입력)

(2) 보물 오브젝트 숨기고 앞 오브젝트 사라지게 하기

❶ 오브젝트 → ❷ 상자를 가릴 오브젝트 선택(예시오브젝트: 학교휴게실 오브젝트 '화분') →
❸ 도장 → ❹ 상자위쪽에 위치하기 → ❺ (해당 오브젝트 톱니바퀴) 오브젝트 변경 →
❻ (실행할 동작) '개인에게만 오브젝트 사라지게하기'

● 실행화면

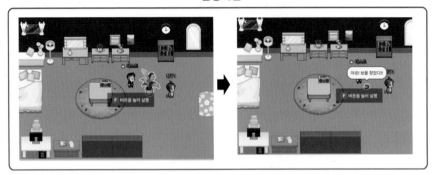

6 내 방에서 방탈출게임 하기

나만의 공간에서만 할 수 있는 방탈출게임! 손님들이 지루할 틈이 없어요!

1) 비밀번호있는 잠금 문 만들기

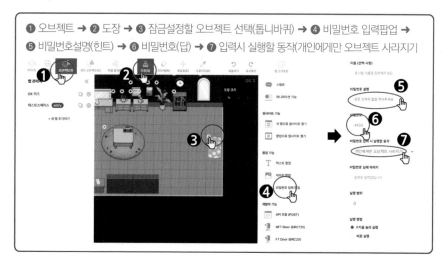

2) 오브젝트에 비밀번호를 풀 수 있는 단서 숨기기(3개 이상)

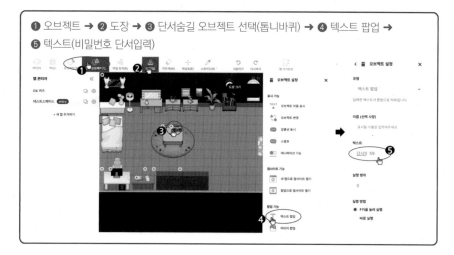

● 실행화면

단서찾기   **비밀번호입력**   **잠금해제**
                                                          &오브젝트 사라짐

⑦ 나에 대한 질문 O/X 게임하기

방탈출을 했는데 나가는 곳이 없나요? 걱정하지 마세요! 손님들이 나에 대해서 얼마나 알고 있는지 테스트 해 볼 수 있는 기회! 나에 대한 O/X 퀴즈 방으로 안내하세요!

1) OX퀴즈 게임 맵 만들기

(맵에디터 '바닥'→ 맵목록) ❶ 새맵만들기 ➡ ❷ 탬플릿 고르기(OX퀴즈)

2) OX퀴즈방으로 갈 포털만들기

(맵에디터 → 이전 만들었던 맵) ❶ 타일효과 ➡ ❷ 도장 ➡ ❸ 포털 ➡ ❹ 스페이스 내 다른 맵으로 이동 ➡ ❺ 이동할 맵(OX퀴즈) ➡ ❻ 이동방법(바로이동)

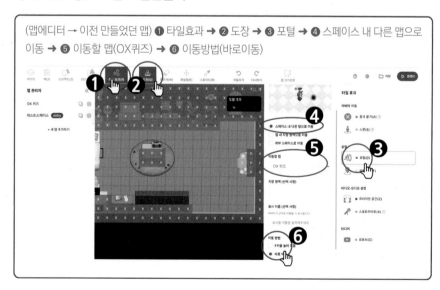

3) O/X 퀴즈 이용하기(2명 이상)

(친구 초대하기) ❶ 좌측패널 미니게임 → ❷ OX게임 선택 → ❸ 가이드 살펴보기 → ❹ OX퀴즈 시작 → ❺ 문제내용적기 → ❻ O/X답정하기 → ❼ 문제내기 → ❽ 게임실행 (1게임당 15초) → ❾ 틀린 참가자는 대기라인으로 이동

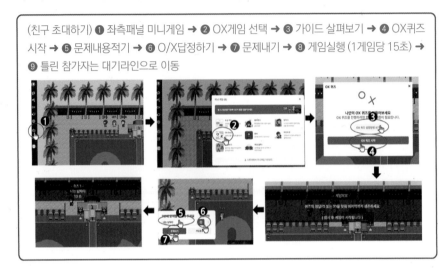

memo

제 **5** 장

나만의 전시관 만들기

❶ 전시관 내부 만들기 [ZEP기준]

❷ 전시관 내부 만들기 [PPT기준]

❸ 방명록(방문게시판) 만들기

❹ 가족 or 친구 초대해서 설명해주기

❺ 전시관에서 게임이벤트 진행하기
   (3가지 게임)

Check Point

▶ 제5장에서는 무엇을 배울 수 있나요?

제5장 강의 및 수업내용 영상

- 나만의 메타버스 전시관을 만들 수 있습니다.
- PPT를 활용하여 나만의 오브젝트를 만들 수 있습니다.
- 방명록을 만들 수 있습니다.
- 휴대폰에 있는 사진을 메타버스에 저장할 수 있습니다.
- 메타버스 전시관에서 여러 가지 게임을 할 수 있습니다.

▶ 제5장을 통해서 어떤 결과물들을 얻을 수 있나요?

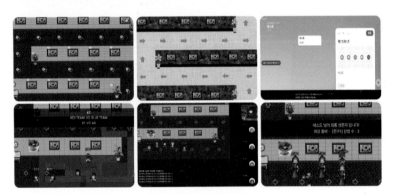

▶ 제5장을 어디까지 응용할 수 있나요?

- 메타버스내에 **회사의 역사를 전시**할 수 있습니다.
- 메타버스로 **오리엔테이션**을 진행할 수 있습니다.
- 메타버스 **미니 박람회**를 진행할 수 있습니다.
- 메타버스내의 게시판을 활용하여 **설문조사**를 할 수 있습니다.
- 메타버스내에 **자녀의 성장일기**를 기록할 수 있습니다
- 메타버스내에 **업무처리과정(인수인계)**을 게시할 수 있습니다.

제5장 나만의 전시관 만들기

이번 시간에는 나만의 전시관 만들기를 함께 해보겠습니다. 휴대폰 속에 있는 나의 추억들을 전시관에 비치하여 많은 사람들에게 소개해 보세요.

1 전시관 내부 만들기 [ZEP기준]

1) 기본 툴로 전시관 틀 만들기 * 제4장 참고

　(1) 바닥과 벽으로 전시관 틀 잡기

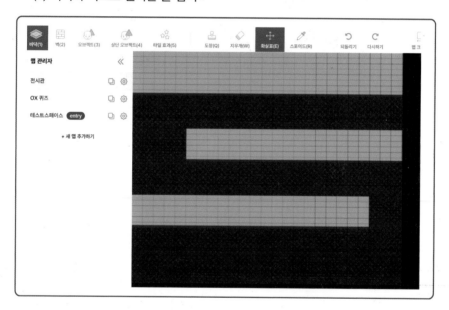

(2) 기본 오브젝트로 전시관 꾸미기

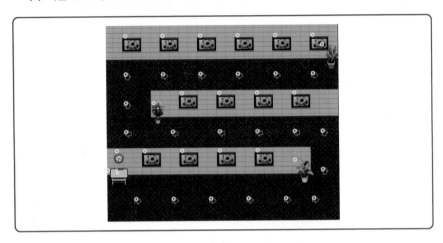

(3) 타일 설정하기

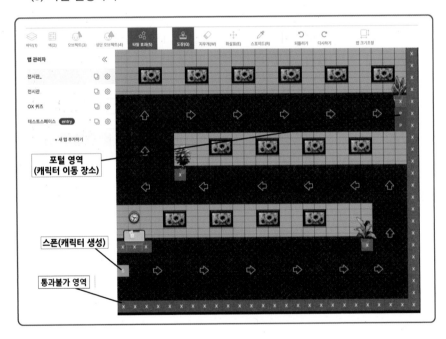

2) 사진앨범 전시하기

(1) 벽에 나만의 사진 넣기

• 휴대폰 사진 컴퓨터에 넣기

① 방법A: 사진을 메일로 보내기 * 예시메일: 네이버메일

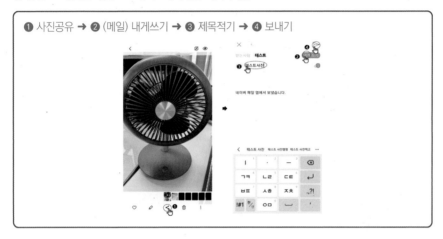

② 방법B: 사진을 카카오톡으로 보내기

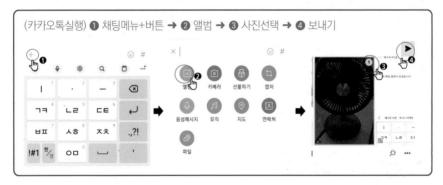

③ 방법C: USB로 사진 옮기기

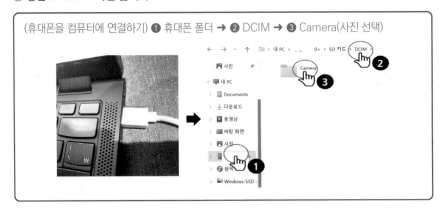

(휴대폰을 컴퓨터에 연결하기) ❶ 휴대폰 폴더 ➔ ❷ DCIM ➔ ❸ Camera(사진 선택)

(2) 사진을 오브젝트로 불러오기

❶ 나의 오브젝트(+추가버튼) ➔ ❷ 사진폴더 사진 선택 ➔ ❸ 오브젝트 선택 ➔ ❹ 맵에 그리기

(3) 사진 오브젝트 설정하여 사진 설명 적고 이미지 팝업으로 띄우기

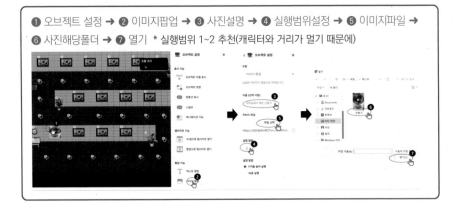

❶ 오브젝트 설정 ➔ ❷ 이미지팝업 ➔ ❸ 사진설명 ➔ ❹ 실행범위설정 ➔ ❺ 이미지파일 ➔
❻ 사진해당폴더 ➔ ❼ 열기 * 실행범위 1~2 추천(캐릭터와 거리가 멀기 때문에)

3) 플레이버튼을 눌러 사진앨범 확인해보기

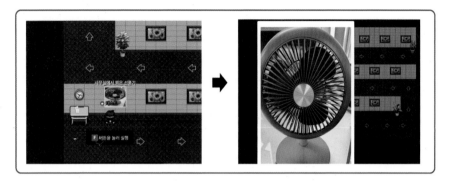

2 전시관 내부 만들기 [PPT기준]

1) 바닥 설정

(1) PPT실행하여 바닥 도형 그리기

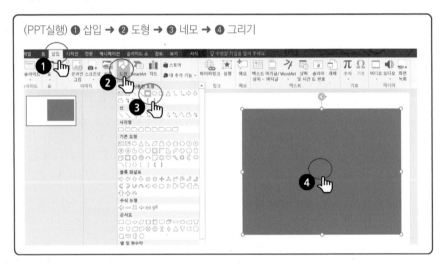

(2) 바닥도형 질감 넣기

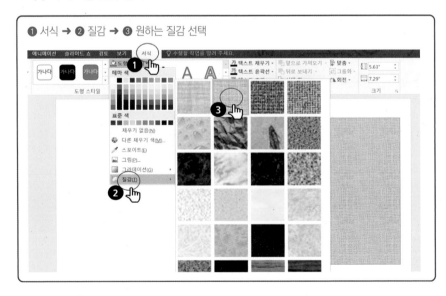

(3) 윤곽선 없애기

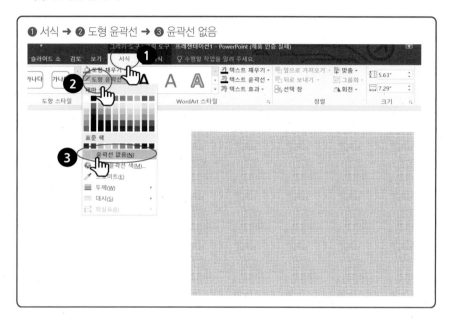

❶ 서식 ➡ ❷ 도형 윤곽선 ➡ ❸ 윤곽선 없음

2) 벽 설정

(1) 벽 만들기 * 바닥설정과 동일

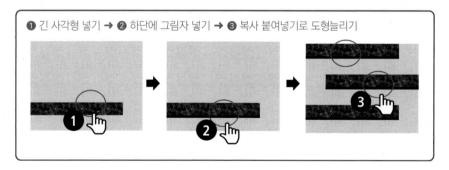

❶ 긴 사각형 넣기 ➡ ❷ 하단에 그림자 넣기 ➡ ❸ 복사 붙여넣기로 도형늘리기

(2) 화살표 넣기

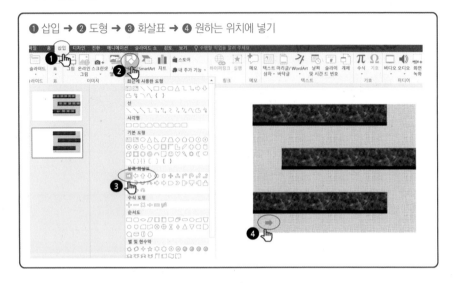

(3) 완성된 PPT작업물 ZEP화면에 넣기

① 작업물 그림으로 저장하기

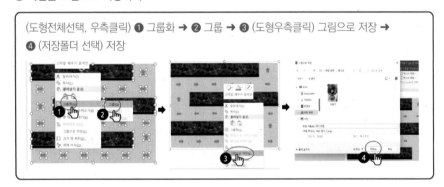

② 작업물 ZEP오브젝트로 불러오기

❶ (새맵추가) 오브젝트 ➡ ❷ 나의 오브젝트 +버튼 ➡ ❸ 작업물 선택 ➡ ❹ 열기 ➡
❺ 오브젝트선택 ➡ ❻ 맵에 사이즈 맞춰 그리기

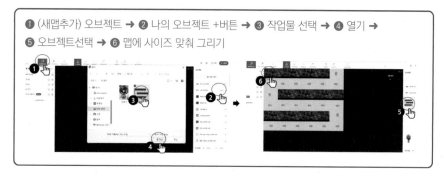

3) PPT로 나만의 오브젝트 만들기

(1) 의자 만들기

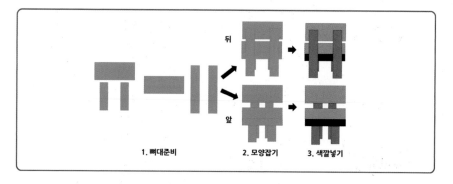

1. 뼈대준비   2. 모양잡기   3. 색깔넣기

(2) 테이블 만들기

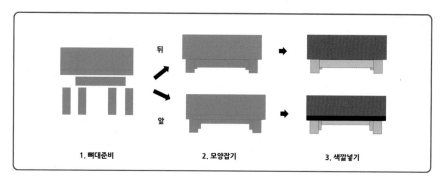

1. 뼈대준비   2. 모양잡기   3. 색깔넣기

(3) 화분 만들기(해바라기)

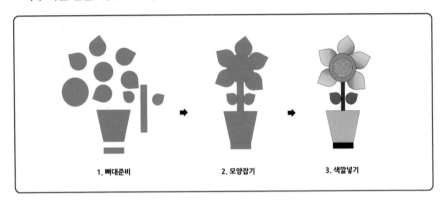

1. 뼈대준비   2. 모양잡기   3. 색깔넣기

4) 만들어진 그림파일 ZEP에 오브젝트로 집어넣기

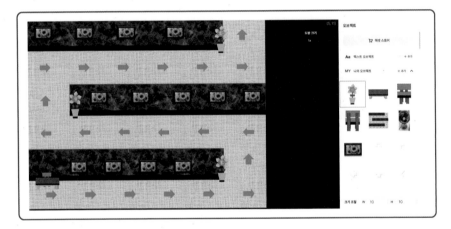

5) PPT로 벽에 사진 넣기

❶ 사진 넣을 위치에 도형 넣기 ➜ ❷ 도형 오른쪽 클릭 ➜ ❸ 그림서식 ➜ ❹ (채우기) 그림 또는
질감 채우기 ➜ ❺ 파일 ➜ ❻ 해당 사진 열기 ➜ ❼ 확인

③ 방명록(방문게시판) 만들기

1) 패들렛 사이트에서 게시판 만들기

❶ (구글) '패들렛' 검색 ➜ ❷ 패들렛 사이트 들어가기 ➜ ❸ 무료로 가입하기 ➜ ❹ 개인계정으로 가입하기 ➜ ❺ free요금제 가입 ➜ ❻ 패들렛 만들기 ➜ ❼ 원하는 템플릿선택 ➜ ❽ +버튼 ➜ ❾ 글 작성하기 ➜ ❿ 설정 ➜ ⑪ 게시판 제목적기 ➜ ⑫ 설명 적기 ➜ ⑬ 게시판 링크 복사하기 ➜ ⑭ 저장

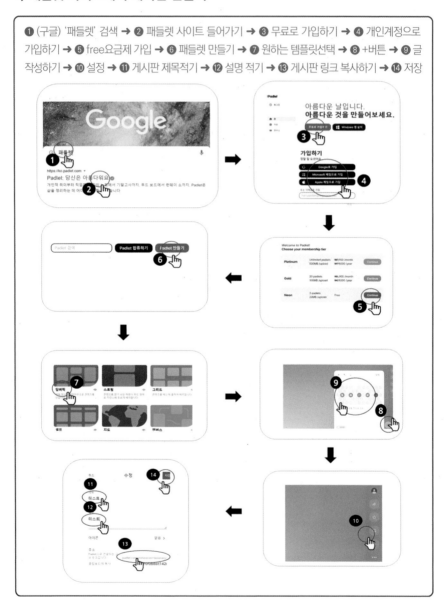

2) 복사한 링크(패들렛 게시판 링크) 오브젝트에 넣기

1 오브젝트 설정 ➜ **2** 팝업으로 웹사이트 열기 ➜ **3** 이름수정 ➜ **4** 링크 붙여넣기 ➜
5 실행범위설정

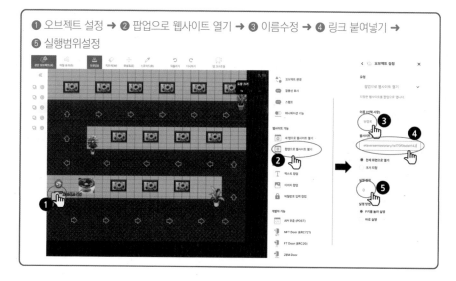

3) 플레이버튼을 눌러 잘 작동하는지 확인해보기

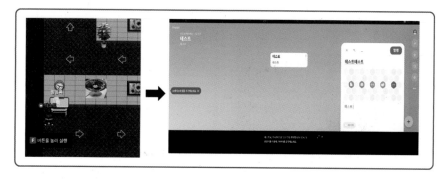

❹ 가족 or 친구 초대해서 설명해주기

1) 가족 or 친구 초대하고 진행자 스포트라이트 설정하기

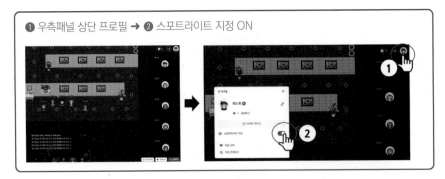

❶ 우측패널 상단 프로필 ➜ **❷** 스포트라이트 지정 ON

2) 마이크 & 카메라 활성화 시키고, 진행자 제외한 참가자 비디오/오디오 비활성화 시키기

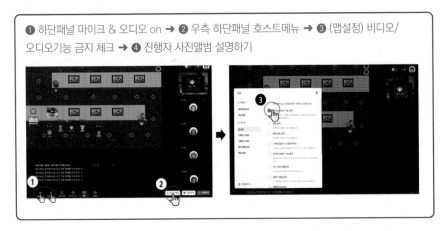

❶ 하단패널 마이크 & 오디오 on ➜ **❷** 우측 하단패널 호스트메뉴 ➜ **❸** (맵설정) 비디오/오디오기능 금지 체크 ➜ **❹** 진행자 사진앨범 설명하기

5 전시관에서 게임이벤트 진행하기(3가지 게임)

1) 게임 실행시키기

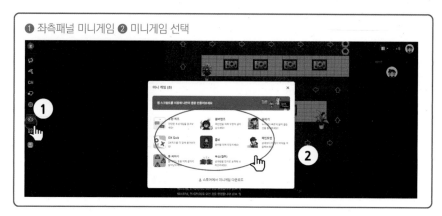

2) 좀비게임(게임설명: 좀비를 가장 잘 피한 최후의 생존자와 좀비를 가장 많이 만든 최강의 좀비를 가리는 게임)

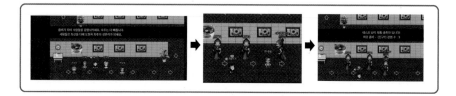

3) 똥피하기게임(게임설명: 하늘에서 떨어지는 똥을 피하며 최종 생존자를 가리는 게임)

* 시간에 따라 점점 많아짐

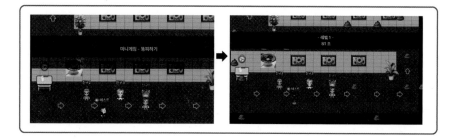

117

4) 페인트맨(게임설명: 캐릭터를 이동하여 제한 시간 안에 땅을 가장 많이 먹은 팀이 승리하는 게임)

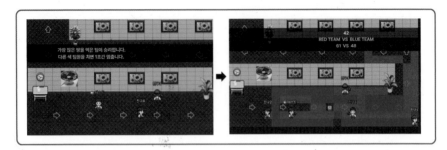

memo

제 **6** 장

내가 만든 공간
좀 더 꾸미기

Check Point

❯ 제6장에서는 무엇을 배울 수 있나요?

제6장 강의 및 수업내용 영상

- 이미지, 동영상을 GIF파일(움직이는 그림)로 만들 수 있습니다.
- 메타버스와 개인 SNS를 연결할 수 있습니다.
- 메타버스 안의 오브젝트에 원하는 기능을 넣을 수 있습니다. (사전, 날씨)
- 내가 좋아하는 음악을 메타버스 안에 넣을 수 있습니다.
- 메타버스 안에 스탬프를 찍을 수 있게 설정할 수 있습니다.

❯ 제6장을 통해서 어떤 결과물들을 얻을 수 있나요?

❯ 제6장을 어디까지 응용할 수 있나요?

- 메타버스 내에 **전광판**을 만들 수 있습니다.
- 메타버스 내에서 **조별학습**을 진행 할 수 있습니다.
- 메타버스 내에 나의 **포트폴리오**를 전시할 수 있습니다.
- 메타버스 내에 비트를 넣어 **음악작업**을 할 수 있습니다.
- 메나버스 내에 **나만의 작업가능한 사무실**을 만들 수 있습니다.
- 메타버스 내의 스탬프를 활용하여 **체크리스트**를 관리할 수 있습니다.

제6장 내가 만든 공간 좀 더 꾸미기

눈에 보기좋은 음식이 더 맛있는법! 우리집에 귀한 손님이 온다면 더욱 예쁘고 맛있는 음식을 준비하겠죠? 나만의 메타버스 공간을 더욱 개성있고, 보기 좋으며, 유익하게 만들어 봅시다!

1 PPT로 움직이는 그림 만들어 넣기

1) 방법1. PPT → 동영상 → GIF파일 변환 (예시자료: 텍스트 효과 GIF)

(1) PPT기본 화면 크기 조정하기

❶ 디자인 → ❷ 슬라이드 크기 → ❸ 사용자 지정 슬라이드 크기 → ❹ 사용자 지정 → ❺ 너비 16인치 → ❻ 높이 1인치 → ❼ 확인

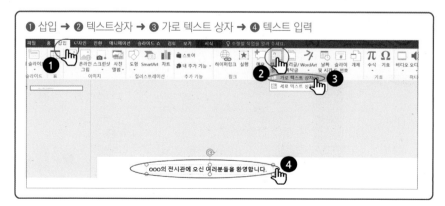

(2) 텍스트 입력하기

❶ 삽입 → ❷ 텍스트상자 → ❸ 가로 텍스트 상자 → ❹ 텍스트 입력

(3) 텍스트 꾸미기

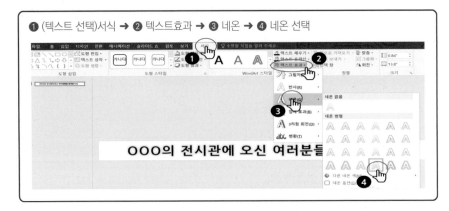

① (텍스트 선택)서식 ➜ ② 텍스트효과 ➜ ③ 네온 ➜ ④ 네온 선택

(4) 텍스트 에니메이션 효과 넣기

① (텍스트선택)애니메이션 ➜ ② 애니메이션 추가 ➜ ③ 강조 '색파동' ➜ ④ 애니메이션 창 ➜
⑤ 해당 애니메이션 속성 ➜ ⑥ 효과옵션 ➜ ⑦ (타이밍)재생시간 & 반복 설정 ➜ ⑧ 확인

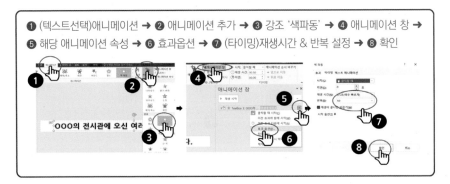

(5) 동영상으로 저장하기

① 파일 ➜ ② 내보내기 ➜ ③ 비디오 만들기 ➜ ④ 비디오 만들기 버튼 ➜ ⑤ 파일 이름 설정
➜ ⑥ 저장

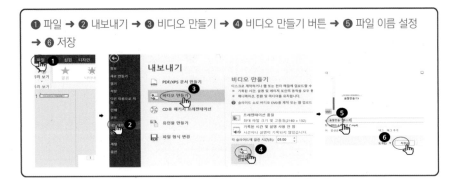

(6) EZGIF사이트 들어가기

❶ EZGIF검색 ➜ ❷ 사이트방문

(7) EZGIF사이트에서 동영상파일 GIF파일로 변환하기

❶ Video to GIF ➜ ❷ 파일선택 ➜ ❸ 동영상파일선택 ➜ ❹ 열기 ➜ ❺ Upload video! ➜
❻ Convert to GIF ➜ ❼ save

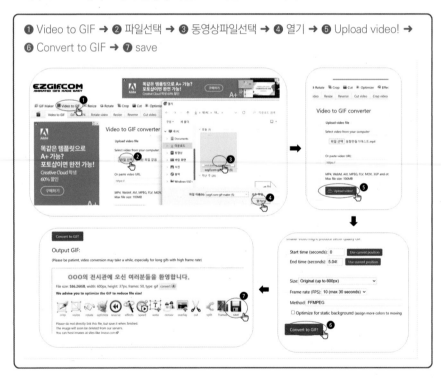

(8) GIF파일 ZEP맵에 적용하기

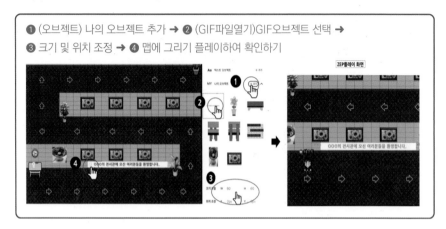

2) 방법B: PPT → 사진여러장 → GIF파일 변환 (예시자료: 나비 도형 GIF)

(1) 도형으로 나비 만들기

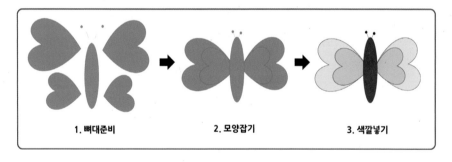

(2) 나비 그림 복사하고 형태 변형하기 & 나비그림 개수만큼 저장하기

❶ (나비그림 선택, 오른쪽 클릭)그룹화 ➔ ❷ 그룹 ➔ ❸ 복사 붙여넣기 ➔ ❹ 개체마다 조금씩 변형하기 ➔ ❺ 그림으로 저장 ➔ ❻ 파일이름 설정 ➔ ❼ 저장(각 개체별 PNG 파일로 저장하기)

* TIP. 그룹 & 그룹해제를 적절히 사용하면 복사 및 형태변형에 용이함
  각 개체의 이름을 나비1, 나비2, 나비3과 같이 저장하면 순서 정하기에 용이함

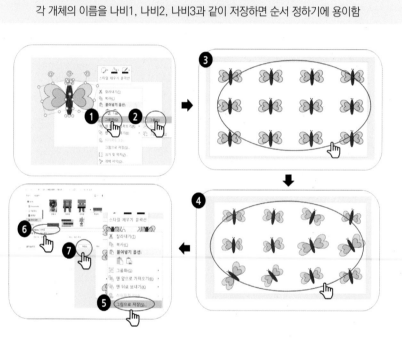

(3) EZGIF 사이트에서 사진파일 GIF 파일로 변환하기

❶ (EZGIF 사이트 들어가기) 상단 메뉴 GIF 메이커 → ❷ 파일선택 → ❸ 그림으로 만든 모든 사진 선택 → ❹ 열기 → ❺ Upload and make a GIF → ❻ Effect에서 두 번째 메뉴 선택 → ❼ Make a GIF → ❽ Save

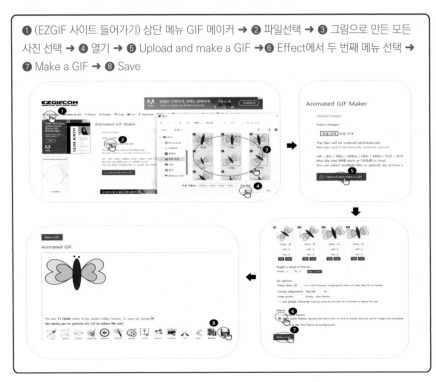

(4) GIF파일 ZEP맵에 적용하기

❶ (오브젝트) 나의 오브젝트 추가 → ❷ (GIF파일열기) GIF오브젝트 선택 → ❸ 크기 및 위치 조정 → ❹ 맵에 그리기 플레이하여 확인하기

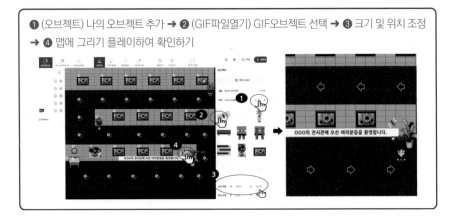

② 개인 SNS 연동하기

1) SNS아이콘 오브젝트로 만들기

(1) 방법A: 이미지 검색하여 다른 이름으로 저장 * 예시: 카카오톡 아이콘

(2) 방법B: 이미지 캡처 후 PPT에서 배경 제거하기

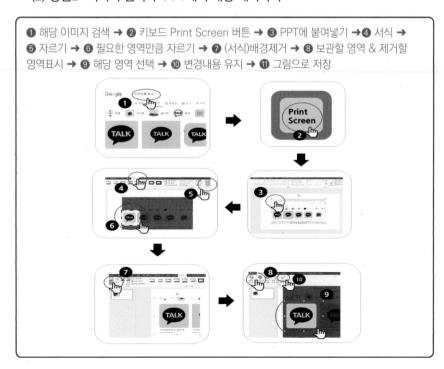

2) ZEP맵에 SNS오브젝트 넣기

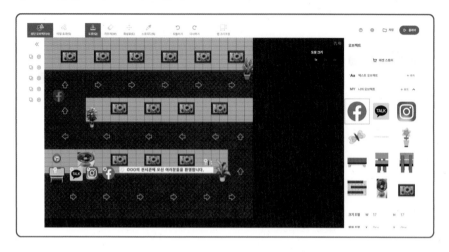

3) 각 오브젝트별 개인 SNS링크 넣기

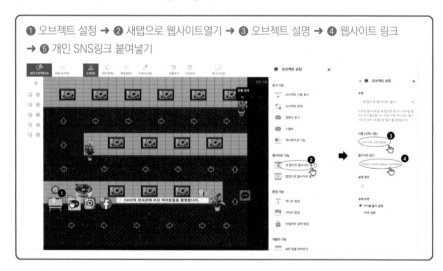

3 컴퓨터 오브젝트에 기능 집어넣기

1) 사전기능넣기

(1) 컴퓨터 오브젝트 넣기 * 예시자료: 무료 구매한 오브젝트 중 '학교교실 오브젝트 세트'

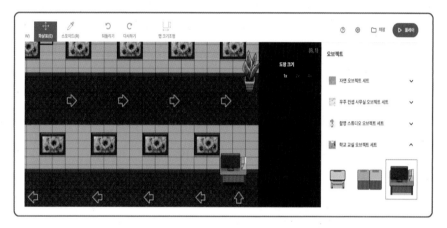

(2) 컴퓨터 오브젝트에 사전 기능 넣기 * 예시자료: 네이버사전

❶ 사전 사이트 주소 복사 ➔ ❷ 오브젝트설정 ➔ ❸ 팝업으로 웹사이트열기 ➔
❹ 웹사이트 링크사전 사이트 주소 붙여넣기

(3) 플레이 버튼 눌러서 작동 확인하기

2) 오늘의 기상정보(날씨) 원하는 사이즈로 넣기

(1) 컴퓨터 오브젝트에 기상정보 팝업 원하는 사이즈로 넣기

❶ 기상청 사이트 주소 복사 ➜ ❷ 오브젝트설정 ➜ ❸ 팝업으로 웹사이트열기 ➜ ❹ 웹사이트 링크(기상청 사이트 주소 붙여넣기) ➜ ❺ 크기설정 ➜ ❻ 가로 x 세로 픽셀설정
* 예시: 가로 700px × 세로500px

(2) 플레이 버튼 눌러서 작동 확인하기

4 내가 좋아하는 음악넣기

1) 음악파일 준비하기(mp3 or mp4파일)

TEST음악.mp3

2) ZEP맵에 배경음악 설정하기

❶ 바닥설정 → ❷ 배경음악 설정하기 → ❸ 파일 선택 → ❹ 열기

* 10분이내의 음악파일 추천

3) 음악파일 준비방법

(1) 방법A: 음악 사이트에서 음원을 구매하기 * 예시자료: 멜론

(2) 방법B: 유튜브 음악 영상 곰녹음기로 녹음하기 * 저작권 주의

① 곰녹음기 검색 ➜ ② 사이트 들어가기 ➜ ③ 상단 다운로드 ➜ ④ 다운로드 ➜ ⑤ 안내에 따라 설치 ➜ ⑥ 유튜브 음악 검색 ➜ ⑦ 유튜브 음악 검색 및 재생 ➜ ⑧ 곰녹음기 실행 및 중지 ➜ ⑨ 이름설정 ➜ ⑩ 저장 ➜ ⑪ 저장된 폴더 열기 ➜ ⑫ 녹음파일 확인하기

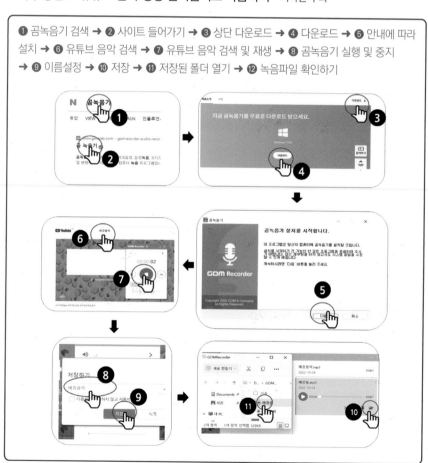

5 전시관 스탬프 투어 기능 넣기

1) 맵 에디터에서 스탬프 기능 넣기

❶ 오브젝트 설정 → ❷ 스탬프 → ❸ 스탬프 종류설정 → ❹ 스탬프 이름설정 → ❺ 스탬프 번호 설정

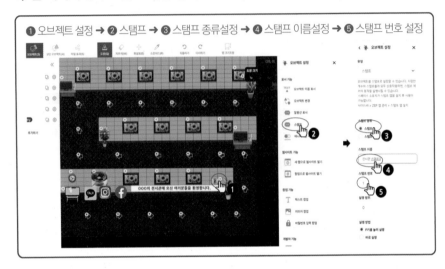

2) 플레이 화면에서 스탬프 기능 활성화 하기

❶ 좌측패널 ZEP앱관리 → ❷ 스탬프앱 설치

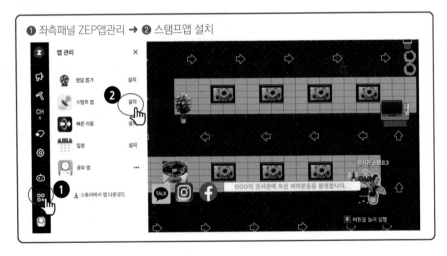

3) 스탬프 찍어보기

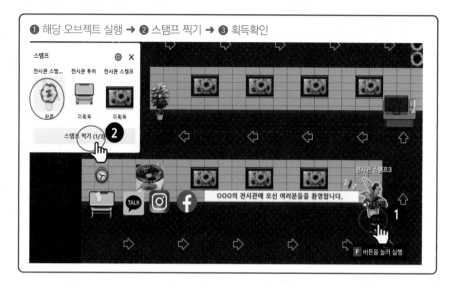

137

memo

제 **7** 장

누워서 메타버스 만들기

메타버스 똑똑하게 활용하기

Check Point

❖ 제7장에서는 무엇을 배울 수 있나요?

- 메타버스를 활용한 여러 아이디어를 배울 수 있습니다.
- 메타버스를 학습을 위한 툴로 사용할 수 있습니다.
- 메타버스를 함께 사용하는 공간으로 만들 수 있습니다. (독서실)
- 메타버스를 통해 보다 편리하게 일상생활을 할 수 있습니다.
- 메타버스를 통해 나만의 추억 장소와 공간에 기록할 수 있습니다.
- 메타버스를 통한 파이프라인(수익모델)을 알고 만들 수 있습니다.

제7장 강의 및 수업내용 영상

❖ 제7장을 통해서 어떤 결과물들을 얻을 수 있나요?

❖ 제7장을 어디까지 응용할 수 있나요?

- **지역내의 상권을 활성화** 하기 위한 도구로 사용할 수 있습니다.
- 여행할 장소를 사전 **탐방**하고 계획할 수 있습니다.
- 메타버스 내에 **스터디룸** 또는 동아리를 만들 수 있습니다.
- 메타버스 내에 **나만의 일기를 입체감 있게 기록**할 수 있습니다.
- 메타버스 내에서 **음악을 소개해주는 DJ**가 될 수 있습니다.
- 각자가 만든 **드림보드(비전노트)를 연결**하여 꿈이 가득한 **메타버스 세상**을 만들 수 있습니다.
- 내가 가지고 있는 재능을 메타버스와 연결하여 수 많은 수익모델을 만들 수 있습니다.

제7장 메타버스 똑똑하게 활용하기

자, 여기까지 오신 분들은 이제 스스로 맵을 구축하고 활용하며 이쁘게 꾸미실 수 있게 되었습니다! 메타버스는 삶의 확장도구로 아주 유용하게 사용할 수 있는 다가오는 미래의 필수적인 툴입니다. 어떻게 사용할 수 있는지 함께 살펴보며 자신만의 아이디어를 마음껏 펼치고 수익도 창출해보세요!

1 영상통화 대신 나는 메타버스한다.

1) 비교A: 휴대폰 영상통화 VS 메타버스(ZEP)

	휴대폰 영상통화 VS	메타버스
요금	1초당 3.3원 (3사동일) 1시간 이용시 11,880원	무료 1시간 이용시 0원
인원	1:1 영상통화	1:N 영상통화
지원	음성, 영상	음성, 영상, 텍스트, 파일

2) 비교B: ZOOM 화상회의 VS 메타버스(ZEP)

	ZOOM 화상회의 VS	메타버스
요금	〈비지니스요금제〉 1년에 199달러 = 약 28만원	무료
인원	300명 제한	제한 없음
지원	음성, 영상, 텍스트, 파일	음성, 영상, 텍스트, 파일, 게임
그룹 모임	소회의실 기능 최대 50개 생성	맵 포털 기능 무제한

2 비싼 CCTV는 가라, 메타버스로 홈CCTV만들기

(※ 예시자료: 아기방 홈CCTV)

1) 아기방 맵 만들기

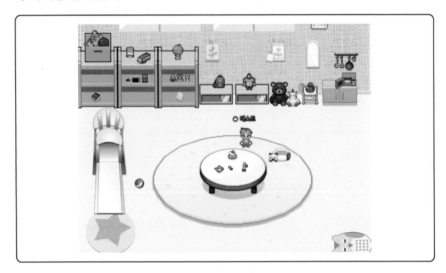

2) 사용하지 않는 휴대폰 및 테블릿pc 충전하고 와이파이 연결하기

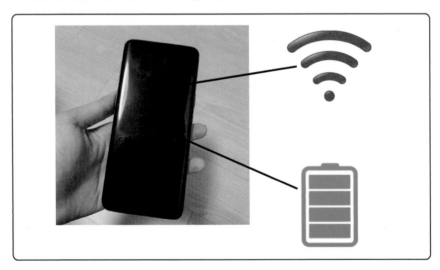

3) 기기 아기방에 거치하고 ZEP실행시켜 확인하기

③ 메타버스로 재있게 공부하기

1) 공부동기부여 맵 만들기

(1) 체크리스트 맵 만들기

① PPT로 체크리스크 완료/미완료 오브젝트 만들기

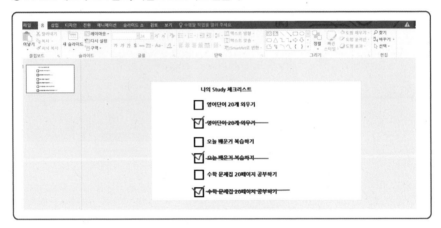

② 빈맵에서 만든 오브젝트 불러오고 설정하기

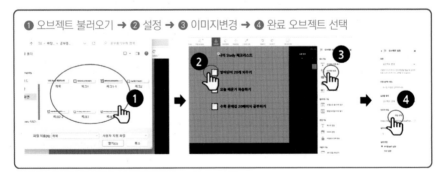

③ 실행하기

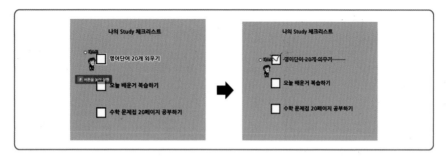

(2) 나만의 꿈(Dream)맵 만들기 ※ 입체적 드림보드 만들기

① 꿈에 관련된 사진 PPT로 오브젝트 만들기

② 오브젝트 빈맵에 불러오기

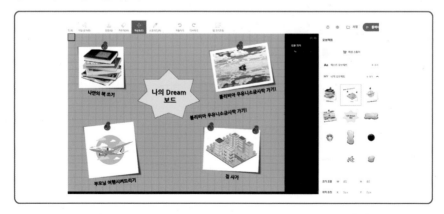

③ 해당 꿈에 관련된 유튜브 영상 링크 집어넣기

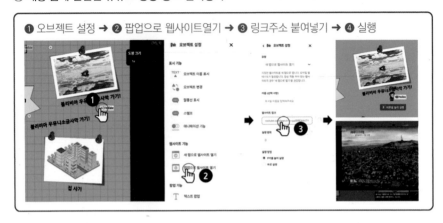

④ 꿈 스탬프 설정하기

⑤ 실행하기

(3) 나만의 공부 음악 방 만들기

• 방법A) 포털을 활용하여 음악 분류하기

① 음악 포털 방 만들기

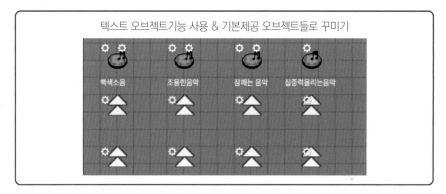

149

② 각 방별 맵 설정 후 배경음악 넣기

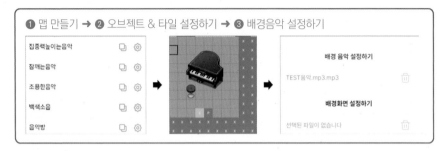

③ 음악 포털방 타일 설정 후 실행하기

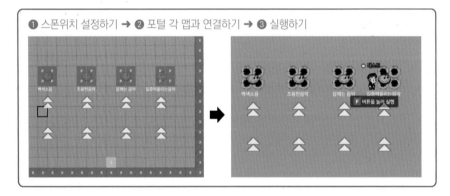

• 방법B) 타일을 활용하여 음악 분류하기

① 음악 방 만들기

② **각 음악별 타일에 배경음악 넣기** * 활성거리: 숫자가 클수록 멀리서 인식

❶ 타일설정 ➔ ❷ 배경음악 ➔ ❸ 파일선택 ➔ ❹ 활성거리('1') ➔ ❺ 반복재생 ➔ ❻ 도장
➔ ❼ 맵에 그리기

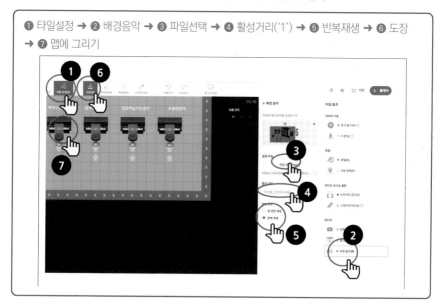

③ **플레이하여 음악 들어보기**

(피아노 가까이가기 ➔ 자동재생)

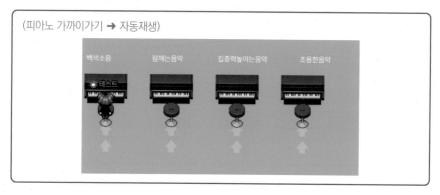

2) 학습맵 만들기

(1) 필기맵 만들기

① 필기노트 사진 오브젝트로 불러오기

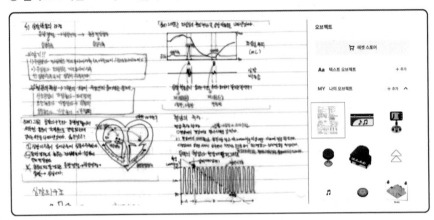

② 필요한 정보위에 기능 집어넣기

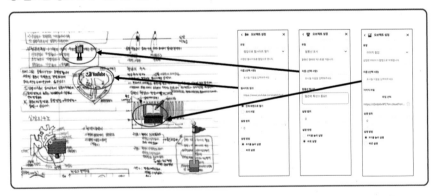

③ 타일 설정 후 실행하기

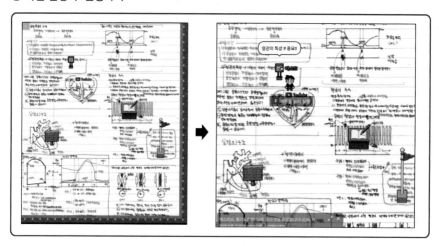

(2) 오답퀴즈방 만들기

① 벽을 활용하여 탈출 맵 만들기

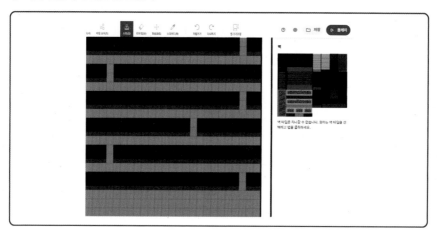

② 오답문제 텍스트 오브젝트로 집어넣기

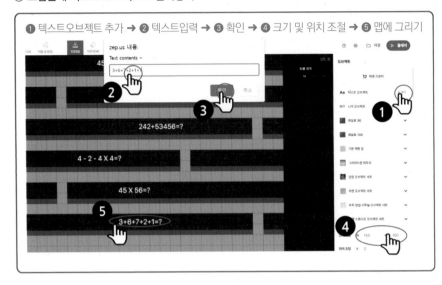

③ PPT로 문오브젝트 만들고 맵에 그려넣기

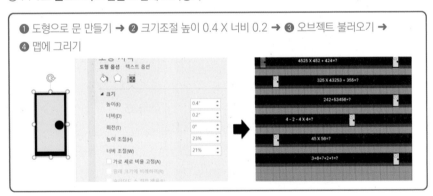

④ 문에 답(비밀번호) 설정하기

❶ 오브젝트 설정 → ❷ 비밀번호 입력 팝업 → ❸ 이름설정 → ❹ 비밀번호 설명 → ❺ 비밀번호(답) → ❻ 입력시 실행할 동작(오브젝트 사라지기)

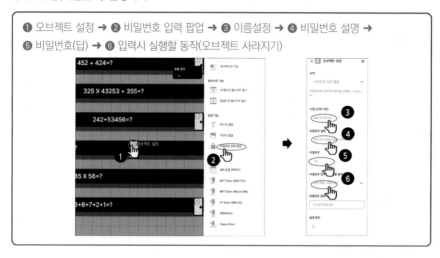

⑤ 타일 설정하고 실행하기

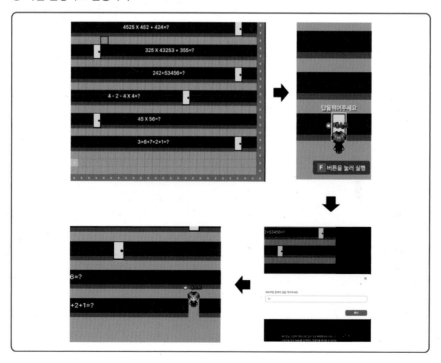

3) 친구랑 함께 공부하기

(1) 미니메타버스 독서실맵 만들기

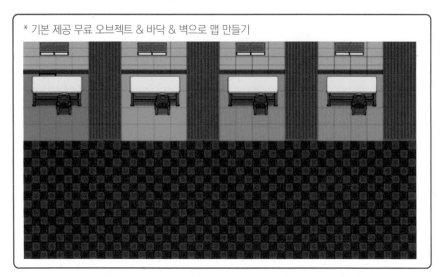

* 기본 제공 무료 오브젝트 & 바닥 & 벽으로 맵 만들기

(2) 프라이빗존 만들기

❶ 타일효과 ➜ ❷ 프라이빗공간 ➜ ❸ 영역번호설정('1') ➜ ❹ 맵에 공간설정

(3) 상태표시 오브젝트 만들고 맵에 그리기

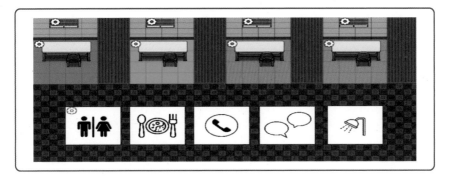

(4) 공지사항에 규칙 만들기

❶ (좌측패널)공지사항 ➜ ❷ 규칙 내용 적기 ➜ ❸ 확인

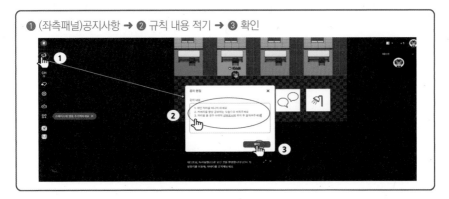

(5) 친구초대하여 실행하기

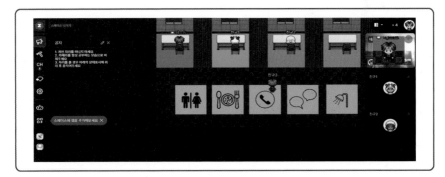

❹ 메타버스로 추억여행하기

1) 구글어스로 맵 만들기

❶ (구글) '구글어스'검색 ➜ ❷ 사이트 입장 ➜ ❸ 어스 실행 ➜ ❹ 나라 및 시 도 군 캡처하기 ➜
❺ 맵에 오브젝트로 불러오기 ➜ ❻ 타일 설정하기 ➜ ❼ 실행하기

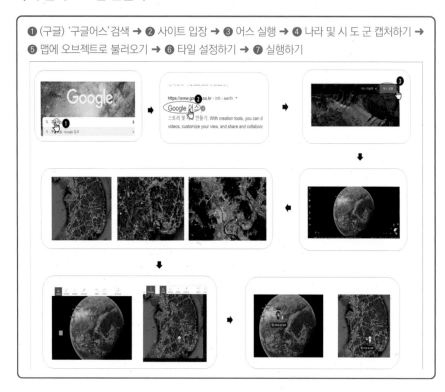

2) 다음로드뷰로 맵 만들기

❶ (구글) '다음로드뷰' 검색 ➡ ❷ Daum지도 사이트 ➡ ❸ 추억장소 검색 ➡ ❹ 지도 ➡
❺ 로드뷰 보기 ➡ ❻ 추억장소 가는길 캡처 ➡ ❼ 오브젝트로 불러오기 ➡ ❽ 실행하기

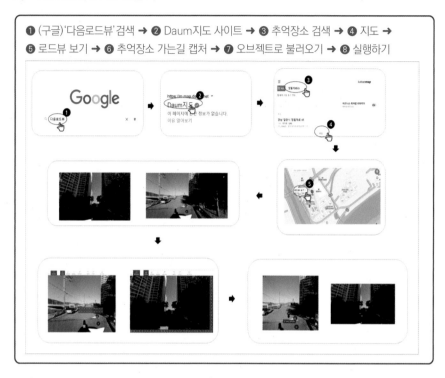

3) 추억장소에 사진 넣고 실행하기

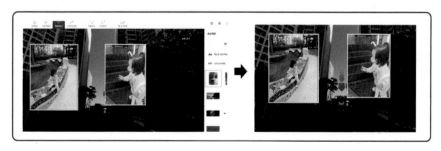

5 나만의 맛집 맵 만들고 공유하기

1) 네이버 지도로 맵 설정하기

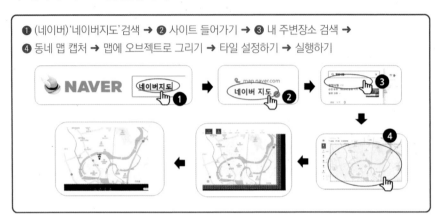

2) 내가 좋아하는 맛집 건물 세우기

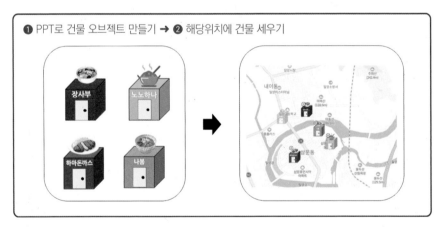

3) 리뷰 게시판 만들기 * 패들렛으로 게시판 만들기

① 패들렛 사이트 들어가기 ➜ ② 링크 복사 ➜ ③ (게시판 오브젝트 넣기)오브젝트 설정 ➜
④ 팝업으로 웹사이트 열기 ➜ ⑤ 링크 붙여넣기 ➜ 실행

4) 메뉴 및 가격 만들기

① (식당 메뉴 캡처하기) 메뉴판 오브젝트 추가하기 ➜ ② 오브젝트 설정 ➜
③ 이미지 팝업 ➜ ④ 파일선택 ➜ ⑤ 식당메뉴 캡처사진 열기 ➜ ⑥ 실행하기

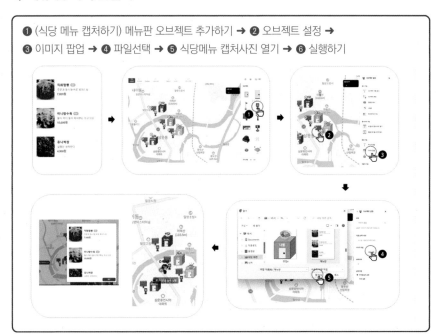

5) 주변사람들에게 맛집 맵 공유하고 초대하기

❶ 스페이스 링크 복사하기 ➜ ❷ 개인 SNS에 올리기 ➜

❸ 네이버, 인스타, 페이스북, 카카오톡 글 공유하기 ➜ ❹ 함께 맛집 맵 즐기기

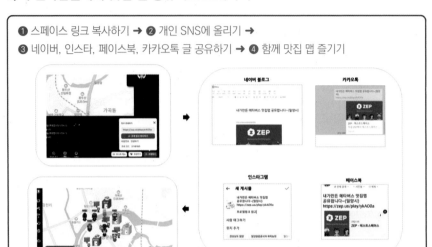

⑥ 메타버스로 파이프라인 만들기(수익모델)

이제 여러분들은 메타버스 ZEP의 기본적인 기능과 활용에 대해서 알고 응용할 수 있게 되셨습니다. 여기에서 끝나는 것이 아닌, 우리는 삶에서 가장 필요한 수익과 연결할 수 있어야 합니다. 누구나 경제적 자유를 꿈꾸고 살아갑니다. 그러나 그 방법을 얻기가 쉽지 않습니다. 여러분은 메타버스 세상에서 여러분만의 파이프라인을 만들 준비를 마쳤습니다. 지금 여러분의 재능을 메타버스 ZEP과 연결하고 만들어보세요!

1) 교육

여러분이 교육에 자신이 있나요? 그렇다면 지금 ZEP에서 교육장을 만드세요! 그리고 학생들을 초대하고, 홍보해서 수익을 창출하세요! **강의, 어학, IT** 등 여러분이 할 수 있는 교육의 내용을 ZEP에서 진행하고 수익을 만드세요!

2) 상담

여러분이 상담에 자신이 있나요? 그렇다면 지금 ZEP에서 상담실을 만드세요! 그리고 클라이언트들을 초대하여 전문적인 상담을 하고 수익을 창출하세요! **세금, 심리, 학업** 등 여러분이 할 수 있는 상담의 내용을 ZEP에서 진행하고 수익을 만드세요!

3) 창업

여러분이 창업을 하거나 사업을 운영중인가요? 그렇다면 여러분의 **쇼핑몰**의 상품을 ZEP에 전시하고 링크를 연결하여 수익을 창출할 수 있습니다. 또한 ZEP을 통해 사람을 **채용**하는 채용박람회를 열 수 있고, 팀원과 함께 ZEP에서 아이디어를 공유하거나 모델링을 만들어 **개발**을 할 수 있습니다! 창업과 사업에 메타버스를 적극 활용하시면 운영에 날개가 달립니다!

4) 실시간

여러분이 큰 행사를 해야하나요? 그렇다면 지금 행사장을 만들고 많은 사람들을 한번에 초대하세요! **세미나, 공연, 박람회** 등 여러분이 많은 사람들에게 보여주거나 함께 해야하는 행사가 있다면 메타버스로 행사를 진행해보세요!

5) 원격지원

여러분은 가상세계 공간을 자유롭게 만들거나 사용할 수 있습니다. 따라서 거리에 제약을 받지 않습니다. **원격으로 고객을 지원**하거나 만약 여러분이 특정 언어를 통역할 수 있다면 ZEP에 고객을 초대하여 **실시간으로 통역**할 수 있습니다. 언어에 자신있으신 분이 계신가요? 메타버스 통역가가 되세요!

6) 매체활용

ZEP에는 우리가 흔히 접하는 여러 매체들을 적용할 수 있는 기능이 많이 있습니다. 정보화 시대 속에서 흩어져있는 유용한 정보들을 사용자의 편리에 따라 배치할 수 있습니다. **TV, 라디오, 유튜브, SNS**등 매체를 활용하여 유용한 기능이 있는 맵을 만들고 이 기능을 필요한 고객에게 맵을 제공하거나 이용료를 받아 수익을 창출할 수 있습니다!

7) 통제관리

ZEP은 실시간 영상화면을 제공합니다. 따라서 가정, 기업, 현장 등 CCTV의 기능을 대체할 수 있어 **실시간 모니터링**이 가능합니다. 환경에 따른 CCTV 메타버스 방을 잘 만들어 맵을 제공하거나 이용료를 받아 수익을 창출할 수 있습니다!

이외에도 여러분의 재능을 어떻게 활용하는가에 따라 파이프라인(수익모델)은 계속 생겨 날 것입니다. 또한 더 많은 수익 모델을 위해 제1장의 **메타버스 속성** 내용을 다시 한 번 살펴보시길 적극 추천합니다! 가상세계, 증강현실, 일상기록, 거울세계의 속성을 ZEP으로 가져와 활용한다면 무궁한 아이디어를 제공받으실 수 있습니다!

memo

memo

나가는말

메타버스의 세상은 아주 빠르고 우리에게 편리하며 이롭게 다가올 것입니다. 이 책을 통해 여러분들은 그 문을 열수있는 Key를 얻었고, 또한 어떻게 작동하며 활용 할 수 있는지 그리고 수익은 어떻게 얻을 수 있는지 배웠습니다.

이제 여러분에게 주어진 과제는 "누구와 함께 어디로 갈 것인가?"하는 질문에 답변을 하는 것입니다. 메타버스 세상에는 이미 친숙해진 ZEP을 포함한 여러 메타버스의 툴이 여러분들을 기다리고 있습니다. 다양하게 공부하고 이해하는 것 만큼 다룰 수 있는 메타버스 분야가 더욱 많아질 것입니다.

그러나 기술과 플랫폼이 아무리 뛰어나도 대체할 수 없는 것이 있습니다. 그것은 메타버스 세상의 툴을 사용하고 만들어가는 여러분들의 '가치관' 입니다. 이제 우리는 계속 생각해야합니다.

"누구와 함께 어디로 갈 것인가?"

아무리 좋은 자동차를 운전할 수 있고, 그것이 내 것이라고 해도 "누구와 함께 하며 어디로 갈 것인가?"에 따라 도착점이 달라집니다. 반대로 낡은 자동차, 성능이 좋지 못한 자동차라 할지라도 "누구와 함께 하며 어디로 갈 것인가?"에 따라 아주 행복한 여행이 될 수 있습니다.

메타버스 속의 여행. 그 Key와 운전대가 여러분의 손에 있습니다. 사랑하는 사람들과 어디로 여행할지 계획하며 천천히 주행 연습하여 행복한 삶의 여정, 유용한 삶의 확장이 되시기를 바랍니다.

"기업의 안전, 메타버스와 함께"

재해는 예기치 못할 때 발생한다. 자연재해는 더욱 그러하다. 우리는 코로나라는 재해를 당하며 많은 어려움을 겪었고, 현재도 마찬가지이다. 기업의 가장 큰 위기는 운영이 중단될 때 발생한다. 그리고 안전은 미리 준비할 때에 그 위력을 발휘한다. 기업의 정보나 시설배치도 등을 메타버스 안에 옮겨놓아 관리하고 예방할 수 있다면 기업의 안전에 큰 도움이 될 것이다. 또한 비대면의 소통을 제공하는 메타버스는 재해의 위기에 소통의 안전장치로 유용하다. 이 책의 내용은 누구나 메타버스의 플랫폼을 사용할 수 있도록 구성되어 있지만, 특히 기업의 안전 차원에서 접목하여 적용한다면 소기의 성과를 이루지 않을까 한다. 위기의 시대 속에서 메타버스 플랫폼을 활용할 수 있는 능력은 이제 선택이 아닌 필수의 영역으로 점차 확대될 것이다. 그런 의미에서 메타버스에 대한 이론부터 실무까지 안내하는 이 책을 모두에게 추천한다.

강휘진_서강대학교 교수(국민안전역량협회 사무총장)

"메타버스의 길라잡이"

"메타버스를 쉽게 이해하고 체험하는 것뿐만 아니라, 메타버스 공간(플랫폼) 안에서 자신의 비즈니스에 필요한 최소한의 기본작업 프로세스를 갖추는 데 있어서도, 이 책『누워서 메타버스 만들기』는 읽다 보면 어느덧 쉽게 따라 할 수 있게 만드는 최고의 '메타버스 길라잡이'가 될 것이다."

메타버스라는 용어가 생소한 사람, 메타버스의 경험이 없거나 혹은 잘 모르는 사람들의 대부분은 메타버스를 어린이나 청소년들이 PC나 스마트폰으로 즐기는 하나의 게임플랫폼으로 생각하거나 혹은 코로나 이후 확산된 비대면 온라인방식의 채널, VR(가상현실)/AR(증강현실)/MR(혼합현실)/XR(확장현실) 등 가상세계의 체험 정도로 생각한다. 따라서 메타버스를 게임플랫폼을 만들거나, VR/AR/MR/XR 등의 관련 콘텐츠나 프로그램, 장비 등을 개발하는 기술적이고, 공학적인 분야의 일부로 치부해 메타버스에서 멀어지거나, 어려워서 자신이 할 수 있는 영역이 아닌 것으로 생각해 관심을 두려 하지 않는다.

메타버스에 대한 수많은 서적과 유튜브 영상들이 존재하고, 메타버스 활용법에 대한 수많은 교육과정이 있지만, 대개의 경우 부분적이거나 지엽적인 정보를 바탕으로 설명하고 기술하려다 보니 메타버스에 대한 오해와 잘못된 인식을 심어주게 되는 것이다.

메타버스는 디지털 전환과 더불어 시공간의 초월, 편의성과 공간성, 효율성 등 가치 창출이 가능한 '가상현실공간'의 신세계로, 추후 전 세계인의 대부분이 메타버스라는 공간에서 생활하게 될 것이다. 독자 여러분들은 게임을 개발하거나, 메타버스 플랫폼 개발, VR/AR 등

콘텐츠나 관련 산업에 대한 개발이 아닌, 이미 만들어진 메타버스 플랫폼 안에서 여러분들의 실제 사업을 구현함으로써 경제(수익창출)활동이 이뤄지도록 해야 할 것이다.

『누워서 메타버스 만들기』는 여러분들이 메타버스 공간에서 사회적 가치 활동을 통한 수익창출(경제활동)이 가능하도록 하는 메타버스의 길라잡이가 될 것으로 확신한다.

김영대_중앙대학교 창업경영대학원(창업경영전공) 교수

"메타버스를 알고 체험하기 좋은 책"

라이프로깅, 증강현실, 거울세계, 가상현실로 대표되는 메타버스 시대는 '소통'이 가장 중요한 키워드이다. 현실 세계와 초월 세계를 동시에 살아가고 있는 지금 메타버스 시대에서 이 책은 가장 쉽고 빠르게 체험할 수 있는 메타버스를 선사하고 있다. 서로 소통하고 그 공간을 체험하며 직접 만들어가는 과정을 단계적으로 소개하고 있다. 또한 마지막 장을 통해 메타버스를 활용해 비즈니스에 적용할 수 있는 방안도 제시하고 있다. 특히 세무사 등 국가자격사에게 있어서 메타버스를 활용한 상담의 분야도 확장성을 엿볼 수 있다. 저자가 메타버스를 직접 경험한 것을 토대로 집필했기 때문에 일반 도서와는 달리 저자가 알려주는 노하우를 따라 독자도 쉽게 따라 할 수 있게 잘 구성되어 있다. 모든 사람들이 메타버스를 경험하는 데 꼭 필요한 도서로 추천하고 싶은 책이다.

김영지_고려직업전문학교 교수, 세무tv 대표, 비즈니스메타버스전문가

"메타버스와 유통의 만남"

메타버스가 유통시장에 어떠한 변화를 가져다줄지 큰 기대가 된다. 온라인 시장은 지속적으로 성장 중이며, 소비자는 라이브커머스를 통해 또는 유튜브 등 영상을 시청 중에 바로 상품을 구매하는 등 더욱 실제적인 경험을 필요로 하고 있다. 결국 어떠한 양질의 소통을 제공하는가에 따라 유통의 과정과 결과가 달라지는 것이다. 저자의 말에 따르면 메타버스는 소통과 연결을 중요하게 생각하는 개념이자 기술이다. 저자가 소개한 플랫폼을 소비자와의 소통을 위한 도구로 사용한다면 어떨까 생각해 본다. 판매자와 소비자가 가상의 한 공간에서 만나 서로의 니즈를 확인하고 가치를 교환할 수 있게 한다면 유통에 새로운 바람이 불 수 있지 않을까? 단순히 메타버스 플랫폼을 소개하는 것을 넘어 다양한 아이디어와 활용 가능한 대상들을 선정하는 책의 구성과 내용이 인상 깊다. 일반인뿐만 아니라 메타버스를 사업에 적용하려는 기업인들에게도 메타버스 입문서로 적극 추천한다.

모영일_B2B유통플랫폼 도매꾹 대표

누워서
METAVERSE 만들기

"문명사적 대 전환기에 새로운 기회의 실마리를 제공해주는 책"

영국 콜린스 사전은 2022년 말 올해의 단어로 '영구적 위기(Permacrisis)'를 선정했다. 영구적(Permanent)이라는 단어와 위기(Crisis)의 합성어다. 이 단어는 전쟁과 인플레이션, 정치적 불안정, 경기침체의 시대를 살고 있음을 묘사하는 것으로 2023년에도 지속될 것으로 보인다. 시대적 흐름을 볼 때 지금 엄청난 변화가 일어나고 있어서 한마디로 문명사적 대전환이라고 할 수 있다. 메타버스, ESG, 한류 등 전례 없는 변화가 그것을 증명하고 있다. 이러한 시대적, 상황 속에서 메타버스가 가지고 있는 의미는 아주 크다. 코로나 시대를 거치며 비대면 서비스는 기업이 갖추어야 할 필수 요소가 되었다. 또한 개인의 삶은 자율성을 인정받으면서도 다양한 사람들과 언제 어디서든 소통할 수 있어야 하는 복잡한 위치에 놓이게 되었다. 이 책은 이러한 시대적 상황과 문제 앞에 실마리를 제공해주고 있다. 자신의 일터를 가상공간에 옮겨놓고, 자신과 만나야 할 사람들을 자신의 아바타를 통해 가상공간에서 만나는 일이 가능하게 된 것이다. 복잡할 것 같은 이러한 일에 저자가 소개하는 메타버스 플랫폼을 통해 누구나 쉽게 접근할 수 있는 것이다. 또한 이론이 아닌 실무중심의 내용이기 때문에 따라 하며 체험할 수 있어서, 매우 흥미로운 책으로 변화를 모색하는 모든 분들께 권하고 싶다.

손기원_대주회계법인 대표(공인회계사, 철학박사)

"메타버스를 제대로 배우자"

고령화 시대가 되면서 우리에게 가장 크게 요구되는 것은 '배움'이다. 배움은 어느 시대나 할 것 없이 중요하게 요구되었지만, 특히 정보화 시대, 메타버스 시대에서는 더욱 그러하다. 왜냐하면 배움이 즉 생계유지이며, 자아실현의 수단이기 때문이다. 지금의 시대는 SNS 시대이다. 코로나로 인해 언택트 시대가 되면서 많은 변화가 일어났다. 이전에는 MZ세대를 제외한 모든 사람들은 온라인에서 무언가를 구매하고 소통한다는 것이 어렵고 낯설기만 한 세상이었지만, 지금은 본인의 의사와 상관없이 온라인 세상, 특히나 SNS에서 소통하는 세상이 되었다.

온라인 쇼핑몰은 유통인들에게 필수적인 플랫폼으로 자리 잡아, 이제는 누구나 배워서 사용하는 플랫폼이 되었고, 유튜브는 알리기 위한 수단이기에 누구나 배워야 하며, 배달앱을 활용한 소상공인들은 어려운 코로나 시대에서 살길을 얻었다.

이미 다가왔고, 앞으로도 더욱 크게 펼쳐질 메타버스 시대는 어떠할까? 우리는 생계를 위해, 개인의 자아실현을 위해서라도 메타버스를 알고 배워야 한다.

이 책은 서두에 메타버스를 자동차에 비유하고 운전할 수 있는 Key를 건네주는 것을 목표로 하며, 말미에 "누구와 함께 여행할 것인가?" 라는 물음으로 독자에게 질문을 던진다.

추천사 (가나다순)

운전을 하려면 운전학원에서 전문적으로 배워야 하듯이, 메타버스 플랫폼을 응용하고 사용하려면 메타버스 전문 강사인 이 책의 저자에게 체계적으로 배워 응용하고 사용할 수 있어야겠다. 따라서 배움을 필요로 하는 이 시대에 메타버스를 알기 쉽게 가르치는 이 책을 적극 추천한다.

유병화_고려직업전문학교 K-메타버스캠버스 원장(교육학박사)

"아기와 엄마 아빠가 함께하는 즐거운 공간 만들기"

메타버스가 가족의 라이프스타일에도 큰 영향을 주고 있다. 메타버스는 컴퓨터, 스마트폰, 태블릿 등 어떤 기기에서도 접속이 가능하고 다양한 형태의 정보들을 볼 수 있는 공간이다. 특히 임신, 출산, 육아에 대한 정보를 공유하고 소통하는 데 도움이 될 것으로 기대된다. 이 책은 두 아이를 키우고 있는 저자가 아기들의 임신과 출산 등 자라나는 전 과정을 보관하기 위해 메타버스를 배우고 공부하면서 경험한 노하우를 공개하고 있다. 이 책을 보면서 아기를 위해 엄마 아빠들이 메타버스를 따라 만들어 보고, 가족과 친척, 친구들을 초대해 생일 축하 등 함께하는 즐거운 공간을 체험하길 바란다.

이근표_베이비페어 전시회 주식회사 베페 회장

"다양한 삶의 형태를 만들 수 있는 메타버스 플랫폼 안내자"

민성은의 『누워서 메타버스 만들기』는 모두를 위한 메타버스 플랫폼인 ZEP(잽)을 집중적으로 소개하고 있다. 이는 그의 메타버스 이해에 근거하고 있다. 민성은은 메타버스를 삶의 확장을 위한 여러 가상 세계관들이 연결된 공동체로 보고 있다. 그리고 이 공동체가 함께할 수 있는 가장 적합한 공간으로 ZEP을 생각하고 있다. ZEP은 누구나 손쉽게 비용을 들이지 않고 자신만의 공간을 만들 수 있는 메타버스 플랫폼이다. 그러므로 각자의 필요에 따른 그 용도와 형태는 무궁무진하다. 이 책을 통해 독자들도 메타버스에 자신의 공간을 만들어 가기를 바란다. 그 공간에서 사람들은 소중한 친구들과 모임을 갖고, 공동체를 형성하며, 다양한 삶의 형태를 만들어나갈 것이다. 이러한 과정에 『누워서 메타버스 만들기』가 여러분의 훌륭한 안내자가 되기를 바란다.

장성배_감리교신학대학교 교수(선교학 박사)

memo